UMA VIDA POLÍTICA

UMA VIDA POLÍTICA
Entrevistas com Philippe Artières e Éric Favereau, com a colaboração de Joséphine Gross
Daniel Defert

ISBN 978-65-86941-27-2

Embora adote a maioria dos usos editoriais do âmbito brasileiro, a n-1 edições não segue necessariamente as convenções das instituições normativas, pois considera a edição um trabalho de criação que deve interagir com a pluralidade de linguagens e a especificidade de cada obra publicada.

COORDENAÇÃO EDITORIAL Peter Pál Pelbart e Ricardo Muniz Fernandes
DIREÇÃO DE ARTE Ricardo Muniz Fernandes
TRADUÇÃO Ernani Chaves
ASSISTÊNCIA EDITORIAL Inês Mendonça
EDIÇÃO EM LaTeX Paulo Henrique Pompermaier
PREPARAÇÃO Eduardo Magalhães
REVISÃO Susanna Kruger
CAPA E PROJETO GRÁFICO Érico Peretta

1ª edição | Janeiro, 2021
n-1edicoes.org

Entrevistas com **Philippe Artières** e **Éric Favereau**
com a colaboração de **Joséphine Gross**

UMA VIDA POLÍTICA

Daniel Defert

tradução **Ernani Chaves**

n-1 edições

A todos os voluntários da Associação Aides

APRESENTAÇÃO

Há homens de encontros: Daniel Defert é um deles. Desde a Segunda Guerra Mundial, que vivenciou quando criança, não deixou de ir ao encontro de seu presente, dos atores anônimos às mais célebres figuras intelectuais e políticas da segunda metade do século XX francês. Ouvindo sua história, ele compôs com eles um relato singular de nossa época. Sociólogo, naturalmente ele o é. Nem "espectador engajado" à maneira de Raymond Aron, que o forma, nem "repórter de ideias" à la Foucault, com quem ele partilhará sua vida durante 25 anos.

Daniel Defert cola ao seu tempo, adotando uma postura de atenção e de intervenção originais. Ele, que jamais aderiu a um partido, leva há sessenta anos uma vida política independente, longe dos tumultos e próximo dos murmúrios, se fazendo ator à sombra de nosso presente. Dos argelinos das favelas de Nanterre aos doentes de Aids, sua trajetória é a da aventura nos mundos e sobre as linhas que sempre atravessam a história, mas à sua margem. Uma política do menor. A fundação, com Foucault, do Grupo de Informação sobre as Prisões, no começo dos anos 1970, e a fundação da Aides, em 1984, da qual é um dos principais artesãos, são dois atos essenciais dessa política que, se unindo a figuras estigmatizadas, o prisioneiro e o doente, modificou profundamente nossa sociedade.

Cada um de nós o encontrou em contextos diferentes. Para um, ele está estreitamente ligado a um evento histórico, o advento da epidemia do HIV: para um jornalista cobrindo a área da saúde para o *Libération* a partir da metade dos anos 1980, Daniel Defert rapidamente se tornou não apenas um ator, o presidente-fundador da Aides, primeira associação francesa de luta contra a Aids, nem um simples informante, mas uma referência para pensar aquilo que estava em vias de acontecer.

Para o outro, ele foi, de início, o companheiro do filósofo. Foi um dos seus antigos camaradas da Fundação Thiers que os apresenta. Com efeito, ainda estudante ficou, no começo, petrificado. Mas aí também, aconteceu o encontro, o de partilhar um pensamento, a obra de Michel Foucault, de fazê-la circular. Em suma, a figura de um professor. Depois, houve o Conselho Nacional da Aids, da qual ele foi o relator e onde Daniel Defert tinha assento.

Destas duas experiências iniciais nasceram amizades que, ao longo dos últimos vinte anos, não cessaram de se enriquecer de acontecimentos: uma viagem juntos, a visita a uma exposição, uma matiné na rue de Vaugirard no apartamento de Daniel, um telefonema.

Aproveitando a temporada de um de nós na Villa Médicis, em Roma, passamos uma semana com Daniel Defert e o interrogamos sobre o seu percurso singular. Desse encontro nasceu um primeiro material. Daniel Defert o achou íntimo, indiscreto mesmo; ele gosta de ter a última palavra, sobretudo quando é ele que o escreve. Então, ele retomou o trabalho com uma editora que não o conhecia. Aí ainda, foi a ocasião para um belo encontro. Eles trabalharam horas em conjunto, para chegar a um resultado que é o dele. Um coquetel entre suas palavras, nossas perguntas, seus desejos e, ao final, um trabalho solidário. Estamos felizes por termos dado nossa contribuição.

Numa segunda parte, reunimos uma seleção de textos de Daniel Defert, que desenham o que se revela ser uma verdadeira política da Aids.

PHILIPPE ARTIÈRES, ÉRIC FAVEREAU E JOSÉPHINE GROSS

PERCURSOS
entrevistas com
DANIEL DEFERT

ONDE COMEÇA UMA VIDA

Sua história familiar foi determinante nos seus engajamentos? Embora sociólogo, diria que vejo minha vida, de início, mais ligada a eventos do que articulada a determinantes sociais no sentido estrito, apesar de ter certeza de que as questões de vocês contribuirão para articulá-los assim. Quais eventos? A guerra da Argélia, meu encontro com Foucault, como também a ascese e a aventura intelectual que, se não partilhei, pelo menos vivi perto dele, 1968 e os anos que se seguiram com as prisões, a morte de Foucault e a confrontação com a AIDS. Sinto-me mais testemunha do que ator desses episódios.

Lembranças de infância? A mais nítida que tenho é provavelmente a da liberação da minha cidade. Eu ainda não tinha nem sete anos de idade. Vi chegarem os ônibus que tomávamos para ir ao Morvan, de férias, cobertos de ramagens e de franceses de capacete, deitados sobre o teto, fuzis apontados, uma população intimidada e depois em júbilo. Os alemães tinham deixado a cidade à noite, e minha família e eu, que compartilhávamos um hotel ocupado ruidosamente pela tropa, principalmente de russos brancos, não entendíamos nada. Revejo cada hora desse dia, as prisões imediatas de pessoas que eu conhecia — de todo modo, conhecíamos tanto os prisioneiros quanto os novos chefes —, as mulheres tosadas na Place Vauban, a pilhagem do prédio do comando alemão, onde recolhi um capacete, a queima dos cartazes nazistas, o alerta no meio da tarde, o grito de "eles estão voltando!", as grades de ferro baixadas. Nos dias seguintes, meus pais se apressaram em pedir ao nosso carpinteiro que confeccionasse para mim um fuzil de madeira, para que eu pudesse brincar de resistente com meus colegas. Logo troquei meu fuzil e meu capacete alemão por um véu de enfermeira.

Então suas primeiras emoções fortes estão ligadas a essa liberação política...

Não posso deixar de associar a violência dessas emoções às que senti em 1962, durante os acordos de Évian,[1] quando meus camaradas desvendaram o retrato de Ben Bella no Boulevard Saint-Michel 115, o endereço onde viviam os estudantes argelinos pró-FLN [Front de Libertação Nacional]. Até então, a bandeira argelina o havia escondido, entre o luto e a expectativa. Sim, descobri que nada me comovia mais que uma liberação. Anos mais tarde, avistando Ben Bella em Londres, corri sem pensar e lhe contei isso. Ele me abraçou, e nós dois ficamos engasgados de emoção. Ele tirou sua caneta do bolso e a deu para mim. Guardo-a ao lado da de Foucault. Sei o quanto uma liberação é frágil. Estou encantado que o casamento gay esteja sendo legalizado. Toda liberação revela o impensado da injustiça que a precedeu — uma injustiça da qual é difícil se sentir completamente inocente.

Em que meio social você cresceu?

Eu era o filho mais velho de uma família numerosa, e sei que isso já o formata: um pouco escoteiro. Meu pai, barbeiro, que tinha a clientela burguesa da cidade, tinha perto de 40 anos quando nasci e frequentemente ficava doente: isso pesa. Nada me fascinava mais do que uma dupla de pai e filho que tivesse apenas vinte anos

1. Referência ao acordo assinado na cidade francesa de Évian em 18 de março de 1962 e referendado em 8 de abril do mesmo ano, que pôs fim aos sete anos e cinco meses de guerra contra a Argélia. [N.T.]

de diferença, que fossem parecidos e partilhassem um esporte comum — em suma, uma relação especular. Confiei uma única vez esse fantasma a um industrial inglês que havia me contratado para dar aulas de conversação a seus filhos: "Um *baby father*!? Eu conheci isso, é um horror", exclamou. Cresci numa pequena cidade da Borgonha. Não sei se ela era mais marechalista — termo dos historiadores para designar o apoio ao vencedor de Verdun — ou petainista, isto é, que aprovava a colaboração e a revolução nacional. Meus pais tinham sido muito marcados pela Primeira Grande Guerra. Meu pai, mobilizado em 1919, em Mayence, no exército de ocupação, voltou enojado e pacifista — "antimilitarista", me dizia minha mãe. Ele jamais contava que, frequentemente, dava sua ração de soldado para alimentar a família alemã que o abrigava. Era o tipo de coisa que se calava, o íntimo era da ordem do inexprimível. Meu pai foi novamente mobilizado em 1939, não sei por quanto tempo. Na minha lembrança, isso durou muito tempo. Nessa época, fui diagnosticado com poliomielite. Mais tarde, ouvi o médico da escola evocar a hipótese — dadas as poucas sequelas — de que ela poderia ser histérica, devido à ausência de meu pai. Foi o período também em que fiz minha resistência. Habitávamos uma casa ocupada pelo exército alemão e, um dia, apontei o dedo indicador para um oficial, zombando dele: "Tu, tu és um boche." Ele pegou minha caixa de brinquedos e a esvaziou no fogão da cozinha. Alguns dias mais tarde, vários oficiais me deram solenemente uma caixa de brinquedos novos, o que me fez retrucar: "Tu, os boches, um dia contente, outro não" — frase que me foi repetida a cada vez que eu mudava de opinião, ou seja, tão frequentemente que a fixou na minha lembrança. Meu pai era um casmurro e minha mãe escondia um não dito.

Você era mais próximo de sua mãe...

Sim, o pivô da família era ela. Foi a partir dela que se constituíram nossas sensibilidades e nossos interesses. Minha mãe, judia de nascimento, dolorosamente judia, foi abandonada após o seu nascimento. Era a época em que, devido à separação entre Igreja e Estado, as crianças da assistência pública não eram mais convertidas ao catolicismo. Mas, certamente, o respeito à menção "religião israelita" a afastou de uma educação religiosa no campo; restou o estigma. Ora. o único documento que confirmava essa origem judia lhe foi roubado em 1940 durante o êxodo, quando nosso apartamento foi pilhado. Essa pilhagem pairou sobre ela como uma ameaça durante toda a guerra. Enquanto hesitava em instalar-se nesse apartamento devastado e sujo, andando a esmo pela cidade, comigo ainda criança, foi abordada por uma mulher que dizia ser alsaciana e indicada pelas autoridades alemãs a residir em nossa cidade. Minha mãe lhe propôs dividir nosso apartamento. Essa alsaciana, nascida em Breslau, explicou que seu marido estava preso. Como ela não aparentava ser a esposa de um criminoso, minha mãe lhe respondeu que não queria saber de nada. Madame Wolff viveu muitos meses conosco, e depois foi para os Estados Unidos, onde vivia uma de suas filhas.[2] Quando, após a guerra, ela voltou para morrer em Colmar e meus pais foram a seu funeral, ficaram surpresos por terem sido recebidos por um comitê de judeus alsacianos e ouvirem o genro de Madame Wolff apresentar minha mãe como "essa mulher que teve a coragem de acolher em sua casa uma judia alemã durante a guerra". Minha mãe confessou por pouco não ter desmaiado: ela não suspeitava de nada disso. Assim, ela calou sua própria história.

2. Esses fatos são parcialmente reportados por sua filha, Isabelle Kahn em "Une famille Juive alsacienne réfugiée en Aveyron de 1940 à 1945", *La Revue du Rouergue*, verão 2007, p. 219–248.

Durante a Primeira Guerra mundial, seus irmãos e irmã de leite lhe disseram: "Tu, tu és judia, logo alemã, teu pai vai matar nosso pai" — o único dos pais cuidadores ao qual era apegada. Assim que pôde, converteu-se ao catolicismo, em 1925 ou 1926. Ela teve a sorte de ter como conselheiro espiritual o padre Sertillanges, um grande dominicano, e considerava necessário dar-nos uma educação católica. Durante muito tempo, pensei que não dava a isso importância maior do que uma proteção futura, até o dia em que descobri que ela ia com frequência à missa, às 6 horas da manhã, na capela do hospital da cidade. Perguntei-lhe por que tão cedo, e ela me respondeu: "Para não influenciar vocês." Conheci apenas uma outra mulher que tivesse em tão alta conta o sentido do respeito à liberdade: uma militante inglesa, Betty, que pertenceu ao RAP — ou Radical Alternative to Prison. Tendo conhecido seu filho e sua companheira, perguntei-lhe tolamente se eram casados: "Oh, Daniel, jamais farei uma pergunta tão indiscreta ao meu filho", respondeu. Essa foi minha instrução cívica.

Essa atitude liberal de sua mãe concerniu também a sua sexualidade?

Talvez isso seja um fantasma ou uma lembrança encobridora, mas sempre vivi com o sentimento de que minha mãe e eu nos compreendíamos e que ela me apoiava. Eu devia ter treze ou quatorze anos, e passávamos diante do terraço de um café. Havia muita gente e eu olhava os homens. Pensei ter ouvido alguém gritar: "Viado!" Nesse instante, minha mãe me abraçou fortemente. Não sei mais se a cena realmente aconteceu, mas ela faz parte das minhas convicções. Em todo caso, minha mãe me apresentou, sem o saber, a meus dois primeiros amantes.

Eu tinha doze ou treze anos e, na nossa cidade, havia uma família que eu sentia sempre como uma ameaça, apenas de vê-la. A mulher idosa lavava a roupa no lavatório da cidade, e o homem, que eu chamava de Quasímodo, vagabundeava pelas ruas. Essa família inquietante tinha uma filha muito bonita, como nos contos de fada. Ora, um dia, toda a cidade viu essa moça de braço dado com um homem muito bonito. Minha mãe, que tinha um faro extraordinário, declarou: “Misterioso.” Alguns dias mais tarde, fui a uma espécie de concerto, onde percebi que estava também a moça com esse belo homem com brilhantina nos cabelos, formando um *ducktail*. O local estava cheio, estávamos todos de pé, e eu me plantei diante deles para tentar compreender em que consistia esse mistério. Em dado momento, senti que pegaram no meu membro. Estava certo de que era ele. Em seguida, ele me arrastou pela sala, em meio à multidão, até o banheiro, onde me masturbou. Foi a primeira vez. Ele me machucou, mas me beijou. Um belo homem — com seus 25 anos, de bigode, belos cabelos — que me beija na bochecha, meu corpo todo estremeceu.

Eu era um pouco mais velho, tinha talvez quatorze anos, quando três jovens ingleses sofreram um acidente de carro e ficaram retidos na minha cidade. Chamei a atenção de um deles. Durante dois dias passeamos muito castamente — afinal, eles eram jovens saídos de Cambridge. Fui para a casa de minha madrinha em Marselha e ele me acompanhou à estação, junto com meus pais. Na hora da minha partida, ofereceu uma caixa de chocolates a minha mãe, depois nunca mais ouvi falar dele. Ele foi o primeiro homem por quem me apaixonei. No verão seguinte, minha mãe me anunciou que meu amigo inglês havia voltado e que seria, sem dúvida, bom para mim reencontrá-lo, para o aprendizado do inglês. Encontrei-me diante de um homem que não conhecia: era um dos outros dois companheiros de viagem, que eu teria seduzido com meu discurso sobre Rimbaud. Discretamente, tornamo-nos amantes. Ele me fez gostar de pintura e descobrir Courbet, e presenteou minha mãe com todos os romances das irmãs Brontë.

Você diria que se identificou como homossexual desde a adolescência?

No início eu não gostava dos rapazes, eu queria ser menina. E isso não é a mesma coisa. As pessoas imaginam que a orientação sexual se impõe a alguém como uma identidade, o que é um absurdo. Nunca imaginamos que uma curiosidade, nem mesmo pelas pessoas de seu próprio sexo, pode se tornar uma escolha exclusiva. É somente aos poucos, e indefinidamente, que nos engajamos numa série de astúcias e de negociações às quais levamos tempo para dar um nome, uma exclusividade e uma visibilidade social. É uma negociação de parte a parte, cujos termos não cessam de mudar. Hoje, com o Pacto Civil de Solidariedade e o casamento, os termos da negociação estão em vias de mudar, mas sempre haverá algo a negociar.

Essa concepção de liberdade de sua mãe pesou muito nos seus engajamentos ao longo de sua vida...

O respeito à vida privada, em primeiro lugar. Nunca falamos claramente disso. Essa liberdade nunca foi uma cumplicidade. Muitos amigos me contaram que, quando falaram de sua homossexualidade aos seus pais, estes se tornaram muito intervencionistas — "fulano faz o quê?" etc. Minha mãe devia considerar que essa era a minha vida privada ou a forma, em mim, do estigma.

É evidente, que em toda essa evolução afetiva, não havia nenhum problema político.

Para meus pais, a vida política tinha terminado em Aristide Briand.[3]

3. Aristide Briand (1862-1932) foi um político francês, primeiro ministro por seis vezes e ministro das relações exteriores por dezessete vezes. Em 1926, foi agraciado com o

Como, então, prosseguindo seus estudos em Lyon, a política se tornou um componente importante na sua vida?
Tudo começou quando conheci Alain Rouquié.[4] A sala da preparação dos candidatos a ingressar na Escola Normal Superior, no Lycée du Parc, em Lyon, como toda sala de aula, tinha carteiras de dois lugares, e eu esperava com muita ansiedade por aquele que seria meu vizinho. Recusei a maioria dos candidatos, solicitei um que recusou e fiquei sozinho no meu banco, muito despontado. O último a chegar teve que ocupar esse lugar: era Alain Rouquié, certamente o primeiro intelectual que conheci — tirando Romain Rolland, que era cliente da barbearia do meu pai, mas eu era muito pequeno na época, ou, muito mais tarde, Henri Petit, meu compatriota, que me ensinou, inevitavelmente, coisas sobre o jansenismo de Auxerre, do qual minha avó paterna foi provavelmente a última representante. Alain Rouquié, que era filho de artesão como eu e que fez uma grande carreira como especialista em América Latina e diplomata, de certa maneira me formou. Ele tinha tido um professor de filosofia marxista, enquanto minha professora tinha sido a melhor aluna de Jean Guitton.[5] Rouquié me fez descobrir, além de Marx, o tripé da cultura dos alunos de esquerda que se preparavam para o exame de admissão à Escola Normal Superior — *France Observateur*, *L'Express* e *Les Cahiers du cinéma* —, o teatro com Roger Planchon, que então começava sua

Nobel da Paz por seu empenho nos Tratados de Locarno, assinados em 1925, nos quais se mantinham as fronteiras entre a Alemanha e a Bélgica e entre a França e a Alemanha tal como definidas pelo Tratado de Versalhes, no final da Primeira Guerra Mundial. [N.T.]
4. Alain Rouquié (1939–) é um eminente cientista político e diplomata francês. Exerceu o cargo de Embaixador da França em diversos países, inclusive no Brasil, entre 2000 e 2003. Tornou-se especialista em América Latina, tendo publicado diversos livros a esse respeito. Desde 2003 é o presidente da Maison d'Amérique Latine, localizada em Paris. [N.T.]
5. Jean Guitton (1901–1999), professor de história da filosofia católico, conhecido pela publicação do livro *Deus e a ciência* em 1991. [N.T.]

carreira no teatro da Rue des Marronniers, e Brecht, encenado por Jean Dasté em Villeurbanne. Os lyonenses que eu conhecia acolheram numerosos refugiados húngaros — isso foi um pouco antes de 1958, e sentíamos também a desagregação do Estado, que nosso professor de história reaproximava do fim da república romana, confrontada ao seu império. Quando precisei me filiar a uma associação estudantil, havia apenas duas, uma completamente de direita, e a outra, a Associação Nacional dos Estudantes da França (Mnef), filiada à União Nacional dos Estudantes da França (Unef), a que escolhi. Com isso fui chamado para organizar a resistência contra a extrema direita, quando Mendès France[6] veio falar da independência da Argélia na Faculdade de Lyon. Fizemos nosso discurso com os refugiados nos assistindo do alto de uma escada. Foi então que fiquei muito tentado a me engajar politicamente.

Mais tarde, foi Rouquié quem me aconselhou, quando já estávamos em Paris — ele ingressou na Escola Normal Superior de Saint-Cloud um ano antes de mim, pois eu quis tentar novamente a Escola Normal Superior da Rue d'Ulm —, a fazer política a fim de não me perder na vida homossexual parisiense, que eu justamente acabava de descobrir. Ele me convenceu até mesmo a cursar um ano de pós-graduação na Ciência Política (Sciences Po), para que não fosse sozinho para lá. Abandonei esse curso ao cabo de um ano, a fim de me preparar para um diploma de biologia e para o curso de filosofia [*agrégation*]. Um diploma de ciência era exigido dos candidatos ao curso de filosofia desde Gaston Bachelard.

6. Pierre Mendès France (1907–1982), político socialista, foi primeiro ministro da França pelo Partido Radical entre 1954 e 1955. Seus esforços para iniciar reformas na Argélia o levaram a sua deposição. [N.T.]

Isso foi tão claro assim? Para não se perder na vida homossexual, você foi aconselhado a se engajar na política?
Homossexualidade ou política: essa alternativa, hoje inacreditável para nós, nem me surpreendeu, nem foi questionada. Foi por cuidado que não me apresentei às eleições da Escola Normal Superior de Saint-Cloud. Éramos alunos-professores, logo representados no sindicato dos professores e no dos alunos. Por sorte, fui eleito para o sindicato dos estudantes, isto é, para a Unef, que, na época, era a verdadeira força política contra a continuidade da guerra na Argélia.

Descobri as boates da noite parisiense na época do exame oral para a Escola Normal Superior da Rue d'Ulm, em 1959. Entendi que havia aí um risco para mim, tanto que, inscrito no Lycée Louis-le-Grand, para repetir o concurso, retornei finalmente à classe de preparação, em Lyon, por medo de ser levado por essa vertigem que eu havia experimentado na primeira vez que entrei em uma boate. Há aí uma emoção inteiramente particular — subitamente, de certo modo, se muda de posição. A aventura individual e tortuosa que se percorre é apagada diante de uma aceitação recíproca do pertencimento a uma coletividade. É preciso um certo tempo para se acostumar a esse gesto iniciático. Descobri a vida gay com pompa. Um dos meus colegas, já aluno da Escola Normal, tinha me levado ao Fiacre, que era então a boate mais famosa de Paris e uma das boates gays mais célebres do mundo (quando visitei os Estados Unidos em 1961, descobri que lá o Fiacre era também a mais nova referência gay). Na soleira da porta, dois homens demonstraram seu entusiasmo em relação ao jovem da Escola Normal que me acompanhava. De fato, a Escola não fazia parte de seus currículos, cada um por razões diferentes, mas, na época, isso era para eles uma ferida no orgulho. Fui apresentado como alguém que havia passado no exame oral da Escola. Imediatamente, me foi permitido identificá-los: Roland Barthes e Jean-Paul Aron. O nome de Roland Barthes me era familiar. Eu havia lido as "Pequenas mitologias dos meses" na *Les Lettres nouvelles*, a revista de Maurice Nadeau. Falei isso para Barthes, e ele, lisonjeado que um pequeno provinciano o tinha lido, respondeu me dando seu número de telefone, dizendo que eu não hesitasse em visita-lo, uma vez que eu entrasse na Escola. Jean-Paul Aron o imitou.

Enfim, me foi necessário esse longo percurso, ao lado de Foucault, para compreender que a sexualidade era política. E, após diversos investimentos políticos no sentido geral do termo — guerra da Argélia, maio de 68, o Grupo de Informações sobre as Prisões (GIP) —, é com o confronto com a AIDS que entrei totalmente na prática política.

A DESCOBERTA DO ENGAJAMENTO POLÍTICO

Seu primeiro engajamento político e militante foi num sindicato estudantil.

Em outubro de 1960, fui eleito representante de Saint-Cloud no cartel das Escolas Normais Superiores, que era uma das células da Unef e, provavelmente, uma das mais comunistas, uma vez que a direção da Unef era mais próxima do Partido Socialista Unificado (PSU), que acabava de ser criado. O cartel representava todas as escolas normais superiores. A Unef, então muito importante no meio sindical desde 1956, que representava uma parte importante da faixa etária mobilizada na Argélia, era a principal força política contra a continuidade da guerra e pela negociação imediata com o Front de Libertação Nacional (FLN) — negociação que estava, de todo modo, em curso, porém secreta. O mundo estudantil tinha mudado sociologicamente, e eu pertencia a essa muito pequena burguesia que, em épocas anteriores, não fazia o ensino secundário e ainda menos universitário. Até os anos 1950, na minha cidade, a maior parte dos alunos do colégio era de filhos de notáveis, de médicos, advogados ou industriais. Creio pertencer à primeira geração de filhos de artesãos, de pequenos comerciantes e de agricultores a compor a população dos alunos do colégio. Em todo caso, a classe ria quando alguém tentava dizer que sua mãe era faxineira.

A UNEF, então dirigida por Pierre Gaudez, desenvolvia um trabalho político a favor da independência da Argélia e também em relação ao mundo estudantil. Ela também se empenhava em abolir o folclore estudantil (sobretudo o trote) e reivindicava a criação de um salário estudantil. Além disso, Pierre Gaudez havia retomado relações com a União Geral dos Estudantes Muçulmanos e Argelinos, um ramo do FLN que tinha sua sede no famoso 115 do Boulevard Saint-Michel. Gaudez não tinha complexos em relação ao Partido Comunista (PC), o que era bastante raro na esquerda. Ele tinha convocado uma manifestação unitária contra a guerra da Argélia, que o PCF [Partido Comunista Francês] tentou sabotar até o último momento.

Nessa época, qual era sua posição sobre a guerra da Argélia?
Desde 1955–1956, com a convocação dos reservistas, me senti violentamente envolvido, principalmente porque foi nessa ocasião que vivenciei um único episódio de ataque homofóbico: meus camaradas, monitores da colônia de férias como eu, mas mais velhos, me infligiram uma sessão de violência, ao passo que acabavam de receber a convocação como reservistas.

Quando criança, era apaixonado pelo império colonial francês. Ainda tenho todos os catálogos da *Illustration* sobre a Exposição Colonial. Mas Dien Bien Phu foi um choque.[1] Foi na primavera de 1954. Após ter ouvido a informação no rádio saí pela cidade achando que ela estaria em lágrimas. Era no dia de uma dessas festas da primavera, e tudo ocorreu como se nada estivesse acontecendo. Um pouco antes, um de nossos amigos havia desaparecido na Indochina. Eu mesmo fugi do internato, que não suportava mais, para Marselha, com a intenção de me juntar à Legião

1. Referência à sangrenta batalha ocorrida nessa cidade vietnamita entre as forças de ocupação francesa e as forças coloniais resistentes, em novembro de 1954. [N.T.]

Estrangeira, no forte São Nicolau, e me alistar. Mas, por causa de Dien Bien Phu, me tornei profundamente hostil às guerras coloniais.

Fui bastante atraído pelo PSU (Partido Socialista Unificado) e por Michel Rocard, minha referência durante a guerra da Argélia. Além disso, a representante de Sèvres no cartel, Redith Estenne, era filiada ao PSU, e se tornou muito rapidamente minha mentora política, uma de minhas melhores amigas e, mais tarde, esposa de Alain Geismar. Quando, nas manifestações, eu me encontrava lado a lado com Rocard ou com o sociólogo Georges Gurvitch, eu ficava verdadeiramente contente. Lembrarei sempre de uma vez em que, enquanto gritavam "OAS, assassinos", Gurvitch se voltou para nós e disse: "Digam comigo: Todas as OAS são assassinas."[2] Eu guardei a lição: nada de abstração. Não obstante, passei muito tempo em manifestações, mobilizações, preparando panfletos, tanto na sede do PSU, na Rue Mademoiselle, quanto na Rue Soufflot, que era ainda a sede prestigiosa da UNEF.

Você se filiou ao PSU?

Eu achava esse partido muito burguês ou intelectual. Tinha vontade de encontrar os operários. A solução era aderir ao PC, partido muito influente no interior da Escola Normal de Saint-Cloud, e que ainda era na época, e para mim, a pedra de toque de um verdadeiro engajamento político. Algo extraordinário se passou então. Na época em que eu me dedicava ao desenho de moda, minha antiga professora de desenho, Marie-Thérèse Meunier, militava pela independência da Argélia e acabara de ser nomeada para

2. "Organização Armada Secreta", grupo francês paramilitar que reunia vários grupos de direita contrários à independência da Argélia e realizou diversas ações terroristas tanto na Argélia quanto na própria França metropolitana, inclusive um atentado contra o próprio De Gaulle. [N.T.]

uma escola de artes aplicadas em Paris. Ela dava aulas na favela de Nanterre, aos futuros quadros que retornariam a Argélia, após a independência. Em 27 de outubro de 1960, marcamos um encontro para irmos juntos à sala Mutualité, para a primeira grande manifestação contra a guerra da Argélia, pois ela devia me apresentar ao grupo de militantes de Nanterre. Na véspera, meus camaradas comunistas e membros da UNEF em Saint-Cloud vieram me avisar que havia uma contraordem e que o encontro convocado em nome da UNEF não seria mais na Mutualité. Nós deveríamos ir até as fábricas, para convencer os operários. Respondi a eles que achava no mínimo bizarro que eu, como delegado, não tivesse sido avisado antes. Obstinadamente, fui à Mutualité, tanto para protestar quanto para me encontrar com Marie-Thérèse. Havia uma multidão quando subitamente vi chegarem ofegantes meus camaradas comunistas de Saint-Cloud, e descobri a verdadeira história: o PCF havia decidido sabotar essa manifestação da UNEF contra a guerra da Argélia. Eles tinham tentado chamar-nos para as fábricas para dispersar todo mundo. Mas, quando se deram conta da afluência para o Quartier Latin, deram rapidamente uma contraordem aos seus militantes. Após essa experiência do 27 de outubro de 1960, me afastei do PCF.

Um mês mais tarde, toda a esquerda, com o PCF à frente, se manifestava contra a guerra da Argélia. De certa maneira, a UNEF havia ganhado a guerra de opinião. Minhas escolhas estavam feitas, apesar de, durante muito tempo, o fato de não ter pertencido ao PCF ser percebido — principalmente por mim — como uma espécie de não inserção política. Não estive na manifestação de Charonne,[3] em fevereiro de 1962, porque um de nossos professores da Ciência Política tinha sido agredido e nos manifestávamos

3. Referência à manifestação na Estação do Metrô Charonne, de Paris, organizada pelo PCF e outras organizações de esquerda contra a OAS e sua atuação na Argélia. A manifestação

sob as janelas da faculdade. Em contrapartida, participei de todas as manifestações de massa seguintes. Havia uma violência enorme em todas essas manifestações. Mas a violência vinha sempre da polícia, e jamais houve, por parte dos manifestantes, essa audácia que se soube insuflar, mais tarde, em 1968, como se muitos quadros de 68, que tinham conhecido a guerra da Argélia, tivessem retido a lição de não deixar o monopólio da violência com a polícia.

Tem-se a impressão de que a guerra da Argélia não constituiu para Foucault um evento tão importante quanto para você.
Foucault tinha trinta anos, eu, vinte, e de fato minha faixa etária foi a que fez a guerra. Comecei a visitá-lo com frequência, e ele era muito atento a minha militância. Foucault viveu cinco anos no exterior (na Suécia, Polônia e Alemanha), notadamente no círculo que girava em torno de Étienne Burin des Roziers. Burin, um companheiro de De Gaulle desde 1940, quando foi embaixador na Polônia, reagrupou em torno dele inúmeras pessoas que contribuíram, em escalas diferentes, para o golpe de Estado que recolocou De Gaulle no poder. Foucault foi convencido, com os outros, de que De Gaulle era favorável a uma negociação livre com a Argélia. Ele jamais fez parte daqueles que fantasiavam De Gaulle como um general fascista, que gostaria de manter a presença francesa na Argélia, o que era, então, o discurso dominante na esquerda. Em Clermont-Ferrand, ele era bem próximo de Bertrand Gille, um dos negociadores de Pompidou com os argelinos. Além disso, nessa época, fora dos estudantes da Escola Normal da geração de Foucault, poucos conheciam seu nome e, portanto, teriam solicitado seu engajamento. Foi a guerra da Indochina a determinante para a entrada dele no PCF — mas é verdade que a atitude

havia sido proibida e, por isso, a polícia foi autorizada a agir — o que o fez com muita violência, ocasionando a morte de nove pessoas. [N.T.]

do partido em relação à Indochina era totalmente diferente daquela que teve em relação à Argélia. Na Ciência Política, Hélène Carrère d'Encausse vinha nos explicar que não se podia dissociar a sua atitude daquela da União Soviética em relação às repúblicas muçulmanas que faziam parte dela, o que aliás continua atual.

Nessa época, eu já tinha mais de vinte anos, a idade em que deveria prestar o serviço militar e seguir para a Argélia. Por ser estudante, não parti. Mas não quis ajudar diretamente o FLN porque os meus melhores amigos de infância estavam mobilizados. Não conseguiria portar armas que pudessem matar pessoas que tinham um rosto muito preciso para mim. Eu não podia, de modo algum, fazer isso. Os camaradas de Saint-Cloud, aliás comunistas e engajados pessoalmente com o FLN, reprovaram esse meu nacionalismo. Eu estava muito ligado a um militante cabila que iria se tornar um dos quadros do FLN na Argélia. Ele então me pediu para ir à Bélgica, mas, após refletir, desistiu. Ele teve razão ao enviar um amigo meu bastante burguês, jornalista do *Aurore*. Com efeito, sempre fui revistado nas fronteiras. Os policiais e os funcionários da alfândega farejavam os diferentes.

Quando você conheceu Foucault?

Eu o conheci na primeira semana de minha chegada a Paris, em setembro de 1960. Eu havia ingressado em Saint-Cloud. Robert Mauzi me dizia que eu deveria tentar de novo a Escola Normal da Rue d'Ulm e, para me convencer, me convidou para jantar com o melhor filósofo de sua geração, que estava voltando da Alemanha depois de muitos anos de exílio e que, além do mais, estaria na banca da prova de ingresso. Robert Mauzi tinha sido meu professor de literatura na Faculdade de Lyon, um dos mais brilhantes. Deixei de frequentar suas aulas quando fiquei sabendo que ele estaria na banca do exame para a escola da Rue d'Ulm. Ademais, ele começava vivamente a me interessar intelectualmente e mais que isso. Ele ficou desolado por meu segundo fracasso na prova oral e me pediu para continuar em contato com ele na retomada das aulas. Ele entrara na escola da Rue d'Ulm no mesmo ano que Foucault, de quem era íntimo. Era igualmente muito próximo de Barthes, que ele havia apresentado a Foucault alguns anos mais cedo, e nos encontramos todos na Rue Monge, onde Foucault morava, assim como um belo estudante alemão. Confesso que a relação extraordinariamente carinhosa e respeitosa de Foucault com o alemão me fascinou. Ela rompia totalmente com certa relação, que eu julgava démodé, que tanto Barthes quanto Mauzi instituíam em relação aos jovens rapazes: ao mesmo tempo que queriam seduzi-los, temiam ser manipulados. Descobri a rotina desses últimos, da qual eu participaria mais tarde, por certo tempo: jantar em Saint-Germain e depois, durante parte da noite, ir ao Fiacre. Guardo uma lembrança terrível dessa primeira noite. A diferença de idade e a diferença social tinham alguma coisa de enfático, e eram sempre destacadas sobretudo por Barthes. Anos mais tarde, contei a Foucault o quanto essa noite me tinha sido penosa e que, por pouco, não fora a última. Ele me confessou que ela também tinha sido insuportável para seu estudante alemão, até ali heterossexual, que tinha voltado tão enojado que lhe disse: "Faça o que quiser de mim, esse meio é odioso."

Voltei algum tempo depois a ver Foucault para lhe pedir conselhos sobre o trabalho para se obter o diploma de estudos superiores de filosofia, que eu teria que redigir. Em geral, escolhia-se um dos autores que estaria na agregação do ano seguinte, e ora, o autor que me interessava, Leibniz, não estaria na agregação no ano em que eu me apresentaria. Com aquela desenvoltura que Foucault tinha quando não sabia resistir a uma bela palavra, respondeu-me sem refletir, espero: "Nenhuma importância, Leibniz voltará." Essa resposta me soou como uma bofetada. Entretanto, durante quase 25 anos, tive a felicidade de lhe relembrar: todas as minhas despedidas foram acompanhadas de um "eu voltarei, como Leibniz".

O fato de ser gay era um problema nas organizações políticas?
No meio estudantil, a questão não se colocava. De todo modo, creio que essa palavra, que tem uma história política, sequer existia mesmo naquela época. Pessoalmente, me proibi de fazer da militância um viveiro. Jean Genet, que estava de acordo comigo, me disse: "Não faça como Daniel Guérin", em alusão às supostas relações que o teórico do anarquismo tinha com amantes operários. Penso que Genet fornecia aí uma chave concernente às suas relações políticas, que podiam ser erotizadas, mas castas.

E no meio universitário que lhe cercava?
O melhor foi que todo mundo era liberado em Saint-Cloud. Rouquié havia me dito para controlar meus gestos e minhas palavras numa escola onde isso era, ao que parecia, malvisto: "Você não está na Rue d'Ulm." Diferenças de classe, diferença social e escolar. Decidi libertar todo mundo. Um belo rapaz, um dos líderes dos estudantes comunistas em Saint-Cloud, redator na *Clarté*, tinha passado pelas turmas para perguntar quem poderia lhe adiantar 500 francos, ou seja, praticamente um mês de salário de um estudante da Escola Normal. Fazendo muita graça, declarei que jamais eu poderia recusar dinheiro a um belo rapaz e lhe dei meu pagamento. Politicamente, ele não ousou dizer não. Mas, como se isso lhe queimasse os dedos, ele me reembolsou muito rapidamente. Naturalmente, a história correu pela escola. No fim do ano, uma parte importante dos alunos fazia seu *coming-out*. Penso que se trata de um fenômeno geracional. Um antigo aluno me confiou, amigavelmente: "Por pouco não te partiram o focinho, mas se o fizessem agora seria uma guerra civil."

Em todo caso, quando vi chegar, no corredor da Sorbonne ocupada, em maio de 1968, Guy Chevalier, um camarada da classe preparatória ao exame da Escola Normal de um dos meus irmãos, trazendo na ponta de uma espada um letreiro em nome do "Comitê pederástico de ação revolucionária", eu me questionei. Tive a impressão de que isso era inapropriado no conjunto do evento. Segui-o até um anfiteatro, onde ele falou apenas de Reich e Marcuse. Achei-o muito corajoso. Eu não seria absolutamente capaz dessa iniciativa. Eu não o relacionava às outras manifestações. Entretanto, as relações entre os sexos começaram a ser questionadas. Não diria que houve um episódio feminista na Sorbonne ocupada, mas uma vibração. De maneira muito bizarra, desde a segunda noite da ocupação, todas as portas dos banheiros tinham sido arrancadas, pretensamente em nome de uma liberação das relações entre os sexos, o que me parecia ser exatamente o inverso, e um ignóbil puritanismo.

Nessa época, quais eram as questões políticas explosivas?
Nos anos 1960, a guerra da Argélia e a política estudantil eram indubitavelmente as maiores questões para um estudante. Certamente, éramos solicitados sem cessar a apoiar Cuba. Era claro que Cuba era para o PCF uma alternativa à Argélia. A UNEF participava também do comitê anticolonialista, que apoiava a descolonização dos outros países do império colonial. Por outro lado, minha experiência na favela de Nanterre durou muito pouco. Na segunda ou terceira aula — eu dava cursos para os quadros argelinos —, mulheres barraram a entrada na casa onde nos encontrávamos. Na semana seguinte, todo mundo tinha desaparecido: um quadro do Movimento Nacional Argelino (MNA) tinha sido trucidado. Foi indo para Nanterre que descobri a Rue du Docteur-Foucault, nome do bisavô de Foucault, que tinha sido ao mesmo tempo médico e filantropo, iniciador da primeira creche

e da primeira biblioteca popular nos anos 1870. Não foi sem emoção que descobri, durante uma comemoração do 17 de outubro de 1961,[4] no prolongamento dessa rua, um dos escritórios do *Aides*.

4. Referência ao massacre de manifestantes argelinos contra a guerra, em Paris, ocorrido naquela data. [N.T.]

OS ANOS 1968, A ESQUERDA PROLETÁRIA

Onde você estava em 1968?

Eu era encarregado de pesquisas no CNRS e residente da Fundação Thiers, que ficava num prédio majestoso na rotatória Bugeaud, herança da vida sulfurosa do senhor Thiers. Eu era delegado sindical junto ao Sindicato Nacional dos Pesquisadores (SNCS). mas o sindicato mais importante era então o Sindicato Nacional do Ensino Superior (SNEsup), de Alain Geismar.

Minha tese tinha por objeto a formação do campo sociológico ou como se constituiu um saber sobre a sociedade enquanto disciplina universitária, a partir da *Staatistik* alemã do século XVIII. Um dos meus camaradas em Saint-Cloud propôs minha candidatura nesta instituição venerável, mas envelhecida. Foucault e Mauzi foram antigos residentes lá. A fundação Thiers foi, para mim, um erro. Lá, eu não tinha nenhuma obrigação de trabalho. Ficando em Clermont, onde era assistente de filosofia, eu teria podido terminar minha tese, orientada por Raymond Aron. Dessa mesma época eram também Jacques Rancière, Jacques Lefort, Antoine Stoetzel, Jean Musy e Michel Bruguière, este último, igualmente, no gabinete de Pompidou.

Para ser residente, era necessário já ter passado na agregação, liberado das obrigações militares, solteiro e comprometer-se a ficar por três anos — desejo da Mlle Dosne, fundadora e última sobrevivente daquilo que a rainha Vitória chamava de o "harém de Mr. Thiers". Na época em que não havia assistentes nas Faculdades, a Fundação Thiers era um local privilegiado para se iniciar uma pesquisa. Mas nos anos 1960, quando o assistente existia, um voto de três anos de celibato era um modo de recrutamento hoje abolido. A cada ano, seis eleitos recebiam por três anos o privilégio de serem acolhidos e servidos por uma equipe de luvas brancas, que até acendia o fogo nas chaminés dos quartos. Por vezes, brilhantes residentes antigos, como Derrida, partilhavam de nosso delicioso almoço.

A sonolenta Fundação era muito distante da universidade. Nos primeiros dias de maio de 1968, indo procurar na biblioteca de Sainte-Geneviève minha primeira amante, que eu havia conhecido no avião para os Estados Unidos — aquela que me havia ofertado a *História da loucura* —, descobri o estado da universidade e da mobilização policial. Na minha pequena bolha de Thiers, eu havia perdido as primícias do maio de 68. Eu jamais tinha ouvido falar do 22 de março, mas foi a violência do agrupamento policial na Place du Panthéon e na Rue de la Sorbonne durante todo o começo de maio que me impulsionou. Eu ignorava que o equipamento da polícia tinha mudado radicalmente em relação aos anos passados. Isso já não tinha nada a ver com os agentes de polícia da guerra da Argélia. Compreendo perfeitamente o slogan "CRS, SS." Essa exposição da violência do Estado é algo imediatamente insuportável. Eu não tinha necessidade de nenhum conceito político, mas como eu não havia presenciado os começos, me sentia perdido. Meu camarada de Saint-Cloud, o filósofo Bernard Besnier, se esforçava em me detalhar todas as siglas e segmentos que compunham a mobilização, mas eu nada compreendia. Para mim, era um movimento de massa, no qual toda segmentação tática entre facções trotskistas era supérflua. Eu não me sentia pertencendo a nenhum grupo, a nenhuma ideologia, mas estava mobilizado pelos afetos, por um desejo violento de participação. Com certeza, as forças mobilizadas, suas escolhas, eram meus valores. Sempre acreditei, desde o início, que as organizações políticas só eram eficazes quando abaladas por movimentos muito mais passionais e fundamentais, pois elas apenas asseguravam o secretariado burocrático. Mais tarde, experimentei isso na Esquerda Proletária (EP), quando creditavam a nós saques e revoltas das quais éramos, frequentemente, os escribas.

Maio de 68 seria esse sentimento de que é insuportável?
Uma presença policial intolerável. "Intolerável" é, aliás, a palavra que Foucault propôs para as publicações que se iniciaram com o GIP. A partir daí, participei de todas as manifestações. Lembro de uma investida de policiais que me aterrorizou diante da igreja de Notre-Dame-des-Champs. Nos refugiamos no café Le Brazza. Ainda tenho a cicatriz de uma fuga pelos telhados, pelas janelas dos banheiros, eu, que tinha vertigem acima de 10 centímetros. Esta é a minha primeira lembrança forte do maio de 68: o sete de maio, a primeira manifestação em Montparnasse.

Foucault estava na Tunísia e já mobilizado desde março de 68 quando a polícia prendeu, com fotos na mão, um certo número de militantes identificados, que havia alguns meses se manifestavam contra as condições escandalosas de detenção de militantes, principalmente baasistas,[1] presos após um suposto *pogrom* organizado no início da guerra dos Seis Dias. Os militantes estavam presos, esperando serem julgados no decorrer do verão. Muitos eram alunos de Foucault ou de um de seus colegas, Jean Gattégno, especialista em literatura inglesa.

1. O Partido Bass, "Partido do Renascimento Árabe e Socialista", criado na Síria, em 1947 por um xiita, é um partido pan-arabista distinto do nasserismo sunita, socialista e laico, cuja meta era, originalmente, a realização da unidade árabe.

Assim, Foucault viveu o maio de 68 antes de nós e observou ironicamente os acontecimentos parisienses, muito menos perigosos que as prisões tunisianas. Ele tinha um bom salário e, entre os presos, muitos eram ou bolsistas ou assistentes, e todos se viram subitamente privados de rendimentos para viver e para pagar seus advogados. Foucault perguntou-lhes o que desejavam que fizesse: demitir-se fazendo barulho ou permanecer para sustentá-los com seu salário. Eles preferiram essa última solução. Foucault permaneceu dois ou três meses na Tunísia, enquanto alguns denunciavam em Paris essa passividade reacionária. Ele aguentou os insultos. Finalmente, foram os serviços secretos tunisianos que lhe armaram uma violenta emboscada, como já haviam feito os poloneses, para que ele se fosse.

Esse é um aspecto importante da sua maneira, com Foucault, de praticar a política: uma generosidade material.
Não há política sem logística. Os militantes davam uma parte do seu salário à EP.

Para voltar a maio de 68, há essa visão policial, depois um engajamento no movimento, as manifestações, as reuniões...
A importância política da mobilização social me saltou aos olhos no decorrer de uma pesquisa que conduzi como sociólogo na Bretanha, em pleno maio de 68, para o INSERM.[2] Fui recrutado pelo CNRS, enquanto sociólogo, por Raymond Aron. Como eu fazia epistemologia da sociologia, isso poderia ser considerado tanto como sociologia quanto filosofia. De filósofo, me tornei sociólogo. Segui alguns cursos de Bourdieu para sentir o que era a disciplina e fui admitido no CNRS.

2. Instituto Nacional da Saúde e da Pesquisa Médica. [N.T.]

Além disso, me propuseram, com Tiennot Grumbach, criar uma célula de sociologia no INSERM. Descobri o trabalho de campo iniciando uma pesquisa na Bretanha, onde se disseminava uma epidemia de febre tifoide, na região de Daoulas. O problema era muito simples: o esgoto desembocava numa fazenda de ostras. Não havia necessidade alguma de pesquisar as práticas sociais, nem de fazer sondagens. Foi no decorrer dessa pesquisa que fiz um verdadeiro aprendizado do que é uma pesquisa sociológica. Com efeito, o INSERM tinha enviado cartas aos moradores, anunciando que seriam questionados por um sociólogo. As pessoas me esperavam, mas não falavam comigo. Eu representava a instituição: um médico do trabalho, da segurança social ou dos seguros agrícolas. E assim, descobri a verdade acerca da relação pesquisador-pesquisado ou população-instituição de atendimento.

Então você não estava em Paris quando o maio de 68 eclodiu?
Sim, na noite das barricadas, dia 10 de maio, estava na Place Soufflot, até que François Furet, por volta de uma ou uma e meia da manhã, me levou de volta para casa — o historiador da Revolução julgava que tudo estava calmo. Mas, em seguida, foi dos confins da Bretanha que fiquei sabendo da ocupação do Odéon e da Sorbonne, das primeiras greves. Quando voltei a Paris de carona, uma de minhas amigas me informou que um comitê de ação de saúde acabava de ser criado em torno de Jean Carpentier, médico influente na época, por sua reflexão sobre sua profissão, no bairro parisiense de Goutte-d'Or. Precipitei-me. Ainda ouço as pessoas vociferarem: "Ah, a medicina de classe é abominável." Eu, que tinha penado para obter um pouco de informações como sociólogo, descobria o efeito liberador do movimento de massa, a extraordinária clarividência que as pessoas tinham sobre o sistema de atendimento à saúde. Desde esse dia, o

analisador social não foi mais para mim o trabalho do sociólogo, mas o movimento de massa.

Me restava um ano ainda para ficar na Fundação Thiers. Então deixei para entrar na Universidade de Vincennes, onde Foucault acabava de ser chamado para fazer constituir, com outros, o que foi designado como o "núcleo cooptante" de uma universidade destinada a responder à crise de 1968. Aqui não é o lugar para refazer a história tumultuada de Vincennes, que é uma história autônoma, mas é verdade que um pouco da história do GIP se constuiu ali. Vincennes foi o viveiro de todas as tendências do esquerdismo. Demorei muito tempo para compreender que, na realidade, ali se cruzavam simultaneamente a atmosfera, as esperanças, as mobilizações ainda vivas de 1968 e os projetos partidários de todas essas facções políticas, que tinham sido mobilizadas em 1968, mas que não eram o centro do movimento e que acreditaram poder reiniciá-lo, cada uma com sua ideologia, sua estratégia, sua população. Acreditava-se estar na continuidade do movimento, mas, após as eleições ganhadas por Pompidou, isso acabou. Entretanto, cada um tentava rearticular o movimento. Pessoalmente, não investi nisso imediatamente. Em contrapartida, a aventura consistia em ensinar num diálogo totalmente livre com a demanda estudantil — no fundo, era o que se queria — e esta era, em si, uma experiência fascinante. Foi apenas após a dissolução do GIP[3] e depois que a iniciativa voltou à polícia que senti a necessidade de me implicar numa organização — e, de preferência, numa organização que não existia mais, uma organização interdita. Mas o que me atraía era menos a ideologia do GIP do que a comunidade das pessoas que a constituíam: filósofos, estudantes da Escola Normal, pessoas que eu conhecia e, depois, a violência da repressão.

3. A EP foi dissolvido em 27 de maio de 1970 pelo Conselho dos Ministros. Daniel Defert se junta à EP, então na clandestinidade, no verão deste mesmo ano. [N.T.]

A presença maoísta era muito forte...

Sim. Tínhamos a ilusão de que esses movimentos políticos de depois de 68 eram a continuação da revolução cultural. Na realidade, após a vitória eleitoral de Pompidou, não havia mais continuidade. Os movimentos políticos — maoístas, trotskistas — tentaram ressuscitar as velhas ilusões marxistas-leninistas com conceitos do passado. O que me dava prazer na EP é que ela não era leninista, mas marxista, e que ela se inscrevia francamente no interior daquilo que chamamos as massas. Não encontrei, como em outras organizações, um movimento unicamente de estudantes ou de professores.

Desejei aderir à EP, estar engajado em alguma coisa. Confidenciei isso a Jacques Rancière, que me propôs juntar-me ao grupo do qual ele participava, a Organização dos Presos Políticos (OPP), uma célula da EP encarregada da preparação dos processos políticos dos militantes da organização e, logo, da ligação com os que estavam detidos. Havia, notadamente, Redith, a mulher de Alain Geismar,[4] então preso, que assegurava a ligação com o interior da prisão; Nicole Linhart, esposa de Robert[5], que não estava presa; Marianne Merleau-Ponty, a filha do filósofo, advogada, que assegurava igualmente a ligação com o interior; Gilbert Castro e, enfim, nosso primeiro chefe, provavelmente responsável pela criação desse grupo, Serge July. Mais tarde, ele colocou seu imenso talento a serviço de seus editoriais no *Libération* mas, como chefe, ele era uma espécie de presença ausente, como se, já sobrecarregado de responsabilidades, ele assumisse ainda mais essa.

4. Alain Geismar foi um dos três líderes das manifestações de maio de 68 e porta-voz do GIP. Foi preso e encarcerado em 25 de junho de 1970.

5. Robert Linhart, importante dirigente da EP, tinha se estabelecido na fábrica. Seu livro, *L'Établi* (Paris, Minuit, 1978), permanece um dos grandes testemunhos dessa época.

Um dos objetivos da OPP era que se atribuísse aos maoístas encarcerados o estatuto de presos políticos a fim de estender a comunicação com eles, limitada aos parentes mais próximos. Ganhar esse estatuto era uma bofetada no governo.

Aderir à OPP foi para você uma decisão particular? Você, com efeito, nunca aderiu a um partido político.

A OPP não me parecia ser um verdadeiro partido político. Eu não imaginava a EP podendo tomar o poder na França, ou fazendo o jogo partidário no interior de uma frente. Alguns maoístas estavam nas fábricas, aliciavam todos os descontentes com a ação sindical, estivessem nas grandes fábricas (como nos estaleiros navais de Saint-Nazaire ou Sacilor, em Dunquerque) ou entre os pequenos camponeses, principalmente aqueles reagrupados em torno de Bernard Lambert, que foi um dos formadores de José Bové. A EP mobilizava, igualmente, uma parcela importante de operários imigrantes, notadamente na Renault. Havia, pois, uma real implantação da EP, o que explica que ela tenha sido dissolvida.

Você, pessoalmente, jamais foi para as fábricas?

Nunca fui, em grande parte por fidelidade aos meus pais. Em pleno 68, minha mãe ficou encolerizada com um slogan, "Tome seus desejos pela realidade": "Se nós, seu pai e eu, tomássemos nosso desejo pela realidade, vocês seriam assalariados e nós também. Pagamos o preço de sermos pequeno-burgueses para que vocês pudessem estudar. Se fôssemos operários, vocês estariam no Partido Comunista, provavelmente como nós, e vocês seriam contra o que está acontecendo, então veja de onde vêm suas ideias." Aí me enchi de amor por minha mãe nesse dia. Além disso, ela era uma mulher excepcional e isso não é apenas um ponto de vista filial. Meus pais estabeleceram-se por conta própria precisamente em 1936, no momento das férias pagas. Algo disso permaneceu.

Christian Jambet, com a publicação de *L'Ange*,[6] relembra como, em certas épocas, a política se ligava com as formas mais agudas da espiritualidade. Eu não era desprovido de simpatia por essa análise, de uma experiência que alguns de meus amigos tiveram, praticamente como uma forma de santidade. Alguns ofereceram sua fortuna, outros, sua vida, mental ou psíquica, e eu jamais considerei esse período como uma revolução fracassadaa, mas como um grande levante, que modificou profundamente na nossa sociedade as relações de poder, de autoridade, de sexo e, finalmente, também as relações entre as sexualidades.

Então, para você, o estalo foi a mobilização de massas?
Fui encarregado, junto com Philippe Barret,[7] de preparar os processos dos militantes operários e dos estudantes que estavam nas fábricas, que estavam na prisão de Rouen. Até então, fui militante, delegado sindical, mas jamais num movimento de massa. Lembro de ter redigido um resumo das forças políticas locais mobilizadas para um processo: o PSU, a Liga dos Direitos Humanos (LDH), uma seção sindical da Confederação Francesa Democrática do Trabalho (CFDT) — o enfrentamento físico era, em geral, com a Confederação Geral do Trabalho (CGT) —, etc. Mas a questão que eu me colocava imediatamente era: "O que pensam as massas?" Hoje se pode rir disso, mas essa questão teve o valor de educação política. Eu entrei num campo novo de análise política. Dito isso, inversamente, de tanto escutar a cólera das massas, se perdeu a medida das forças políticas constituídas.

6. Christian Jambet, *L'Ange. Pour une cynégétique du semblant*. Paris: Grasset, "Figures", 1976.
7. Coautor, sob o pseudônimo de Jean-Paul Sebord, com Alexandre Faire (pseudônimo adotado por Pierre Victor), do *Nouveau Déséquilibre mondial*, Paris: Grasset, 1973. Esses pseudônimos eram construídos a partir do nome Robespierre.

Não foi fácil escutar a voz das massas. Lembro, em Saint--Nazaire, de um operário excelente, acusado de não sei mais o quê, que tinha pensado com seus companheiros toda a estratégia de sua defesa. Fomos juntos ver um advogado — que não entendeu nada do que o operário lhe disse. E nos propunha que o processo fosse feito com o Mestre Leclerc. Na sequência, pois, chamamos Henri Leclerc, que eu admiro enormemente, e o operário lhe explicou a situação e sua defesa. Leclerc chamou o advogado para lhe expor a estratégia. Quando voltamos, finalmente, a encontrar o advogado, ele realçou exatamente aquilo que o operário tinha explicado a Leclerc. Simplesmente, para ele isso não era audível ou aceitável vindo de um operário. O "discurso das massas" deveria, pois, romper o monte de mediações, mas nosso desejo era que fossem os próprios operários, as pessoas às quais tudo aquilo concernia, que definissem os objetivos e as táticas. Na maioria dos partidos políticos, procede-se de cima para baixo.

A EP se colocou, de imediato a questão dos prisioneiros e das prisões.

Na OPP, não era tanto a questão da prisão que nos preocupava quanto a de transformar todo processo em tribuna política. As duas grandes ações da OPP foram as duas greves de fome de 1970 e 1971, para a obtenção do estatuto de prisioneiros políticos. Havia, mais ou menos, duzentos militantes na prisão ou na preventiva, após a sua dissolução em toda França, daí a criação da OPP. Mas a questão colocada era menos referente à prisão do que ao estatuto político dos militantes detidos, que eram apresentados como bandidos ou marginais, incluídos na classe operária muito recentemente, segundo certos militantes tradicionais. O objetivo era obter o reconhecimento da população onde ocorreram as ações da EP, do caráter verdadeiramente político dessas ações, na medida em que esse caráter era difamado na imprensa, na opinião pública e pela justiça. Não se tratava da obtenção de privilégios, como nossos adversários o pretendiam, mas de um direito que o FLN, que havia sido a última grande organização política encarcerada, tinha obtido. Direito de reunião na prisão, direito à informação, à comunicação com sua organização. A maioria dos nossos advogados também tinha trabalhado para o FLN: eles eram, logo, capazes de nos transmitir o essencial dessa experiência.

É nesse contexto que fui levado a participar da preparação da primeira greve de fome dos prisioneiros políticos maoístas de setembro de 1970, que não foi bem-sucedida. A direção da EP deslocou nosso responsável, que foi mandado de volta à base, isto é, às fábricas, o que significa na tradição comunista uma punição. Em seu lugar, nomeou um jovem chefe de silhueta frágil, quase monacal, cuja presença magnética chamou a atenção de todos. Ele estava totalmente presente e nós nos sentíamos totalmente mobilizados. Cada reunião começava com um *pitch* sobre a situação política inserida na revolução universal. Fascinado, eu reportava frequentemente essa síntese a Foucault, que se contentava em considerá-la escolar. Demorou, até eu conhecer a verdadeira identidade desse líder, pois éramos clandestinos e cada um tinha um pseudônimo. Encarregado de encontrar endereços seguros, de preferência burgueses, para nossas reuniões, descobri um antigo apartamento de Paul Poiret, cujo proprietário fizera a preparação para as escolas normais, com Benny Lévy. E assim conheci a identidade daquele que havia sido algumas vezes Pierre, depois Pierre Victor, nome sob o qual ele ficou conhecido, quando se tornou o secretário de Sartre.

A EP era muito hierarquizada?

Quando aderi à EP, ela era clandestina. Mas penso que desde a origem ela era muito mais dividida do que hierarquizada. Não conhecíamos os "companheiros" — creio que se dizia companheiros para não dizer camaradas — dos outros setores. Era uma precaução de tipo militar. Jamais conheci todos os nomes dos supostos doze dirigentes. Desde antes da clandestinidade, a maior parte tinha pseudônimos. De todo modo, sempre me proibi de saber coisas que não estava seguro de manter secretas numa situação policial violenta. Eu não tinha curiosidade, por razões de precaução.

O que me fascinava nessa organização era sua verdadeira imersão nos meios que definiam precisamente o que na época chamávamos de massas. Segmentos do proletariado, notadamente de jovens operários ou de mais antigos, que tinham contas a acertar com a estratégia da CGT, pequenos camponeses (Lambert me ensinou bastante sobre essa questão, tanto que comecei, a título pessoal, uma pesquisa com os primeiros operários-camponeses de Nivernais que tinham servido na Resistência, uma das referências histórico-políticas da EP). Maio de 68 havia mobilizado, de uma maneira extraordinária, todas as lembranças revolucionárias ainda presentes na população. Havia aqueles que tinham participado da guerra da Espanha, os que nos contavam do Front Popular, os que tinham sido resistentes. Toda essa memória política das lutas chegava com uma imediaticidade e vivacidade que jamais reencontrei nas lutas sociais que se desenrolaram na França após 68. Essa relação a uma memória revolucionária provavelmente não era exclusivamente francesa. Quando encontrei Foucault em Buffalo, em 1970, a Universidade de Nova York, localizada naquela cidade, fora obrigada a abrir um prédio especial para as atividades e ensinamentos esquerdistas, e descobri que numerosos estudantes originários da Europa do Leste — Rússia, Polônia, Lituânia — tinham uma memória viva daquilo que seus pais tinham vivido nos anos 1920, no seu próprio país. Além disso, é admirável ver até que ponto um acontecimento revolucionário é, de início, a mobilização de experiências anteriores. As pessoas recuperavam comportamentos, mobilizavam uma memória, um *savoir-faire*, a totalidade da história. Passado demais para se ter êxito?

Mesmo com a Comuna, da qual se festejou o centenário em 1971, havia essa proximidade?

Com Rancière, batizamos novamente a Fundação Thiers de Fundação Eugène Varlin, o nome de um dos mártires da Comuna. Penduramos uma grande bandeirola na fachada da fundação. A Academia Francesa, tutora da Fundação, protestou por meio de Maurice Genevoix, segundo o qual a Fundação não havia sido fundada com a fortuna de Varlin, a quem respondemos: "Com seu sangue." Nas manifestações, as pessoas aplaudiam a bandeirola Eugène Varlin.

Qual o lugar da China nesse engajamento na EP?

Certamente que hoje essa questão se coloca com uma acuidade e uma crítica inteiramente novas. Mas creio que meu engajamento maoísta em 1970 era, antes de tudo, um engajamento antissoviético — comunista, certamente, mas não para reconduzir à experiência soviética, e nós ainda acreditávamos sinceramente que a revolução cultural era um grande acontecimento democrático. Foi após ter me tornado maoísta que li um livro muito bom sobre a revolução cultural — cujo autor era, provavelmente, um agente francês que havia redigido fichamentos muito precisos e minuciosos — e que a compreendi: a revolução cultural não era a crítica do sovietismo, mas sua miniaturização, isto é, a interiorização da polícia na ideologia de cada um. Estive na China com o sinólogo Jean Chesneaux exatamente na época em que Foucault descobria a Califórnia. Fiz a observação ao correspondente do *Monde*, muito conhecido por seus escritos sobre a China, de que não se via polícia. "Inútil, todo mundo aqui é polícia." É claro que estudamos alguns textos de Mao, os mais simples. Deles, retive alguns slogans, mesmo na minha prática no *Aides*: "É necessário andar sobre suas duas pernas" (no caso, o meio gay e o meio médico) ou "O olho do camponês vê certo". Na época do *Aides*, quem ocupava a posição do camponês chinês era o doente. Era essencial naquele momento que toda decisão passasse pelo crivo dos doentes referidos. A EP era um movimento marxista, mas não leninista, que dava muita importância à análise de classe, mas não privilegiava a organização do partido. Não obstante, o sonho dos tribunais populares em alguns de nossos dirigentes era pensado como um aprendizado da dominação do aparelho de estado, mas o que nós privilegiávamos era a implantação no seio das massas.

Havia a seguinte palavra de ordem: "Quem não pesquisa, não tem direito à palavra." Era uma coisa muito presente, naquele momento, na EP...
Completamente.

A EP mantinha uma relação particular com os intelectuais?
No momento em que a EP foi dissolvida e seus militantes, enquanto tais, presos, os responsáveis decidiram constituir uma "frente democrática" ampla, tradicional na história dos movimentos revolucionários. Eles recriaram o Socorro Vermelho, nome de um movimento que havia apoiado a revolução soviética, incitado por toda a gama de diferentes esquerdas: antigos resistentes, militantes da guerra da Argélia, diferentes estratos da história do PC e Sartre na linha de frente. Em torno de Liliane Siégel criou-se a associação Les Amis de La Cause du Peuple, jornal da EP então proibido. Pessoas de prestígio — a atriz Delphine Seyrig, Sami Frey, Jean-Paul Sartre e Simone de Beauvoir — foram mobilizadas para vender o jornal na rua.

Nessa época, Serge July, em exílio no Norte, preparou um processo popular contra as Minas de Carvão do Norte, em Fouquières-lès-Lens, onde ocorreu uma grave explosão, deixando dezesseis mineiros mortos. Protestando, os companheiros da EP atacaram com coquetéis molotov os escritórios dessa empresa, o que lhes valeu detenção, encarceramento e, em breve, processo. Sartre, como se fosse procurador, havia mobilizado uma série de médicos do trabalho que tinham experiência com a silicose para fazer o processo sanitário contra as Minas, lembrando dos mortos e deficientes pelos quais eram responsáveis. Esse processo, que eu tinha assistido, particularmente me convenceu como ação política. Eu desejava que Foucault figurasse nessa cena demasiado espetacular para o seu gosto, mas de uma espetacularidade provavelmente útil para dar visibilidade às nossas lutas.

A ideia era se aproveitar da visibilidade daqueles que não podiam ser presos. "Não se prende Voltaire", teria dito De Gaulle. E, efetivamente, quando prenderam Foucault, houve muito barulho nos jornais. Isso era o que procuravam os militantes, mas que Foucault detestava por considerar que, da parte deles, chegava a ser uma forma de anti-intelectualismo.

Nesse momento você pensava sua participação como a de um intelectual?

De forma alguma. Ademais, eu não valorizava o status dos intelectuais e dos escritores, apesar de gostar do modo de vida deles. Admiro os países onde há uma cultura de respeito por um grande escritor ou pelos artistas. Isso me tocou na Rússia, na Turquia e talvez mesmo nos Estados Unidos, pelo menos no mundo universitário. Não nasci num meio onde ser intelectual era valorizado, e Foucault, que era um grande intelectual, era também de um grande pudor. Mas eu jamais pensei em mim como um intelectual. Eu era professor, eu tinha uma profissão. Não produzi muito além de artigos mais especializados. Na medida em que não se encontra uma forma radicalmente nova de escrever, qual a utilidade de se acrescentar uma cópia? Em geral, eu recusava assinar petições. Me propuseram, após uma pequena notoriedade adquirida com o *Aides*, fazer parte do DAL (Direito à moradia), o que recusei, pois me sentia ligado a uma causa e não a um estatuto de porta-voz. Escrevi textos sociológicos sobre a saúde e a etno-iconografia, o que era útil na minha carreira. Canguilhem havia apreciado um texto de epistemologia médica que escrevi no *Concours médical*, na época em que estava no INSERM. Mas meu primeiro texto foi uma análise de *Lola*, de Jacques Demy, e de *A Aventura*, de Antonioni, na revista de um grupo de mulheres militares, as Afat (Associação feminina da armada de terra). Em Saint-Cloud, meus companheiros zombaram quando descobriram que Simone de Beauvoir tinha recusado escrever para essa revista.

Nessa época, todos na EP sabiam que você era companheiro de Michel Foucault?
Isso jamais foi algo discreto. Ele me levava junto por toda parte onde ia. Aliás, creio ter dito que minha aceitação na EP talvez estivesse ligada a um desejo de acesso direto a Foucault, mas Rancière me lembrou recentemente que quem lhe pediu que se juntasse à organização fui eu.

Ser homossexual era um problema na EP?
Tradicionalmente isso era um problema na esquerda, sim, mas Guy Hocquenghem, na Juventude Comunista Revolucionária (JCR), esteve entre os trotskistas e, em seguida, entre os maoístas-espontâneos do Viva a Revolução (VLR) depois de 1968 — cuja palavra de ordem era “Queremos tudo”. Creio que isso não era problemático, pelo menos para mim, na EP. Contaram-me

que um quadro, com quem eu me ocupara em inúmeros processos, tinha posto a questão da pertinência das minhas missões no meio operário. Benny Lévy, então conhecido pelo pseudônimo de Pierre Victor, teria lhe respondido que ele jamais deveria colocar novamente essa questão.

Pouco tempo depois, em Saint-Nazaire, encontrei um delegado operário, lindo rapaz de origem italiana, louro, tipo milanês, casado e pai de família. Quando me viu, a primeira coisa que me disse foi: "É legal que a direção tenha enviado você, porque, de todo modo, é necessário que se discuta a questão da homossexualidade no meio operário." Ele me contou que, todas as noites, eles tomam banho juntos e que, toda vez, seus camaradas davam tapas nas suas nádegas, gritando: "Meu Deus, se minha mulher tivesse uma bunda como a sua, minha vida seria muito melhor" — aspecto da miséria operária por demais mantido em segredo.

Na minha viagem seguinte, tive de encontrar os pequenos comerciantes, que também eram aliados da EP. Fiquei na casa de um fabricante de salsicha, um militante muito ativo. E seu filho, que deveria ter oito ou nove anos, disse ao seu pai, ao me ver: "Nada mal, esse garoto, ele vai dormir com você, papai?" Isso é tudo o que soube, na minha vida, acerca das perturbações na orientação sexual no meio vermelho. Mas essas duas frases me encantaram. Em todo caso, a homossexualidade não era um problema. Ao contrário, eles queriam falar sobre isso.

Uma outra vez, com Nicole Linhart, Marianne Merleau-Ponty e Redith Geismar, tivemos uma reunião com um bando de bagunceiros da Bastilha. Ao final, Nicole Linhart me disse: "Veja só, dizem que esses bagunceiros têm problema com os homossexuais, mas foi tudo bem." Respondi-lhe, tirando de minha bolsa os números de telefone que foram discretamente introduzidos nela pelos rapazes: "Sim, tudo se passou muito bem! E vocês, meninas, vocês têm quantos encontros?" Elas não tinham compreendido que há ambientes nos quais a sexualidade não se julga, se negocia.

A OPP, além de se ocupar dos processos políticos, produziu também um relatório sobre as prisões.
Sim, um relatório que foi redigido sobre os prisioneiros políticos no decorrer do verão de 1970. A bem da verdade, não sei quem o escreveu. Talvez Jacques Rancière tenha coordenado. Geismar, que havia passado mais de um ano preso, provavelmente deu muitas informações.

O que é interessante nesse relatório é que certamente está em questão a experiência de seus camaradas que passaram pelas prisões francesas, mas também questões sobre a higiene, a alimentação, o isolamento, os trotes... É um documento que coloca as bases de uma investigação acerca das condições dos detentos em geral.
Meu sentimento é que a vida cotidiana é efetivamente o que mais choca um burguês que vai para a prisão. Os que já tinham passado pela prisão não nos falavam tanto da materialidade imunda da prisão quanto da humilhação e da degradação que essa sujeira produzia. Desde as primeiras investigações do GIP, o que nos tocava era o questionamento, pelos prisioneiros, do prontuário judiciário, da impossibilidade de sair da experiência carcerária, de uma espécie de interdito de reinserção, inscrito em todos os aspectos da prisão. Quando eles deixavam a prisão, os carcereiros lhes diziam "até breve", por um reflexo quase gentil, nem profético, nem irônico, mas realista.

Certamente, a materialidade da prisão conta. Mas é necessário compreender bem sua significação. Para mostrar aos detentos que estávamos conscientes da situação deles, para incitá-los a falar, retomamos detalhadamente essa materialidade nos questionários do GIP, uma espécie de inventário da vida cotidiana, apoiando-nos no estudo de Marx sobre a vida operária. Mas continuo a pensar que se trata, no caso dos prisioneiros políticos, do ponto de vista daquele que não está destinado, no seu percurso social, à prisão. Ater-se à materialidade equivale ignorar a dimensão simbólica destrutiva, em termos de humanidade, que tal decadência acarreta.

Nesse relatório da OPP, tanto quanto me lembre, se denunciava o escândalo da prisão como parte da defesa dos prisioneiros políticos. Não creio que nosso cuidado era com a voz dos detentos em geral, o que faz a grande diferença em relação ao que se empreenderá, em seguida, com o GIP.

O MOMENTO GIP

Por que o GIP?

Lancei na OPP a hipótese de uma comissão de pesquisa conduzida por Foucault. O objetivo era, assim, de sustentar a segunda greve de fome: a primeira tinha fracassado em grande parte pela ausência de apoio externo de outras frações da opinião pública que não fossem os militantes da EP. Com a chegada de Benny Lévy à direção da OPP, tratava-se de pensar numa ampliação do apoio. Meus camaradas tinham imediatamente imaginado que alguns intelectuais conhecidos bateriam às portas das prisões para constatar o estado em que se encontravam, que eles seriam violentamente reprimidos, que haveria fotos na imprensa e que isso sustentaria a greve de fome que deveríamos iniciar em janeiro de 1971, depois da distribuição de todos os pacotes natalinos, os únicos que eram autorizados na prisão — tudo isso deveria nos conduzir ao quinze de janeiro.

Pessoalmente, eu desejava que Foucault fosse um pouco mais público — como Sartre habilmente sabia ser — e ao mesmo tempo ficava aterrorizado com a ideia de interromper seu trabalho. Então, nada lhe falei, e Jacques-Alain e Judith Miller, seus assistentes em Vincennes e militantes na EP, informados do projeto, armaram a cilada para Foucault, fazendo-se de advogados de um modelo de pesquisas públicas, as comissões senatoriais americanas sobre as prisões. Foucault me contou que tinha ficado encantado, que a ideia estava em linha direta com a *História da loucura*, e, no decorrer de dezembro, começamos a reunir diferentes personalidades capazes de dar crédito e apoio ao projeto. Foucault contatou o juiz Casamayor (pseudônimo de Serge Fuster), uma grande personalidade jurídica de esquerda, que se disse impedido pelo dever de imparcialidade e aconselhou contatar seu amigo Jean-Marie Domenach, diretor da revista *Esprit*. Essa importante revista de intelectuais cristãos de esquerda estava também em vias de se tornar uma das referências intelectuais dos trabalhadores sociais, cuja profissionalização era recente. Pierre Vidal-Naquet, cujas pesquisas sobre as torturas perpetradas pelo exército francês na Argélia tinham um peso considerável e cujo sobrinho era um dos companheiros maoístas presos, foi igualmente associado. Contatou-se também, desordenadamente, os médicos da prisão da Santé; Frédéric Pottecher, cronista policial muito popular na época; o sindicato da magistratura, representado por seu presidente, Louis Joinet; Danièle Rancière, com quem eu tinha passado na agregação da filosofia; Christine Martineau, uma advogada que pensava sobre o trabalho em prisão; Christian Revon e Jean-Jacques de Felice, advogados de todas as causas políticas difíceis da época; Jacques Donzelot, sociólogo que então trabalhava na Universidade de Nanterre; Philippe Barret, que deveria trazer a unção da EP...

Oficialmente, todo esse belo mundo estava reunido para formar uma comissão de pesquisa. Foi Foucault quem imediatamente impôs o conceito do Grupo de Informação das Prisões ou GIP, cujo objetivo não seria se confrontar publicamente com a administração, sem legitimidade, mas caucionar pesquisas clandestinas conduzidas do interior das prisões para fazer ouvir a voz dos prisioneiros. Alguns intelectuais dariam sua caução de veracidade. De imediato, isso nada tinha a ver com a ideia sustentada pela EP de uma confrontação pública e ineficaz. Foucault impusera um trabalho subterrâneo a longo prazo.

Como vocês contavam efetuar esse trabalho?
Na esperança depositada nessa comissão, tínhamos preparado questionários de tipo sociológico, cujas perguntas, discutidas com antigos prisioneiros, seriam aceitáveis para os detentos, baseando-se no percurso de vida deles na prisão. Joinet notara que o único ponto positivo da reunião fora esse questionário, a maior parte dos participantes duvidando que chegássemos a fazer esses documentos circularem na prisão e, mais ainda, colocando em dúvida a veracidade das respostas. No final, essa reunião jamais aconteceu novamente e o GIP passou a contar com uma base social completamente diferente: estudantes, militantes da EP, do Socorro Vermelho ou de outros grupos políticos.

Como muitos militantes também pertenciam à EP, que então estava na clandestinidade, decidimos não constituir uma associação legal, com estatutos registrados. Éramos uma associação de fato, um grupo lábil, flutuante, com os nomes de Foucault, Domenach e Vidal-Naquet assegurando sua visibilidade no espaço público. Na França, a questão das prisões é humanitária ou religiosa — os capelães se dedicam, notadamente, aos sentenciados com penas longas —, mas a atuação da justiça no estado das prisões raramente é problematizada. De fato, as prisões não fazem parte do espaço político. É notório, a este propósito, que em maio de 68 tenhamos passado diante da prisão da Santé e do Parlamento sem atribuir a esses lugares um simbolismo político em especial. Tínhamos necessidade de renovar nosso vocabulário político concernente às prisões junto aos italianos da Lotta Continua — que chegamos a encontrar com Jacques Donzelot em Milão — e junto aos Panteras Negras, dos quais Jean Genet nos trouxe a experiência.

As iniciativas de vocês tiveram, rapidamente, um impacto?
Muito rapidamente, nós nos implantamos nas principais prisões, onde já havia militantes presos. Quando tudo isso, aos poucos, já tinha se configurado, a greve de fome foi suspensa e se obteve uma meia-vitória: René Pleven, ministro da justiça, anunciou, de início, a criação de uma comissão para determinar os critérios de obtenção do "regime especial". Ele tinha recusado a denominação de "prisioneiros políticos", mas reconhecera o estatuto especial, concedendo o direito de reunião e de acesso à informação (até então, rádio e imprensa eram proibidos na prisão).

Se essa greve de fome dos prisioneiros políticos maoístas, que aconteceu simultaneamente em diversas prisões, foi vitoriosa, é porque ela recebeu forte apoio exterior, notadamente da parte dos intelectuais. Pierre Vidal-Naquet, então vice-presidente da Liga dos Direitos Humanos, e outros encontraram o ministro da justiça. Em fevereiro, igualmente, o Socorro Vermelho mobilizou o Movimento da Juventude, isto é, jovens universitários e secundaristas, em torno dessas questões. Por ocasião de uma dessas manifestações, o jovem Richard Deshayes teve um olho arrancado por uma granada. A foto de seu rosto ferido tornou-se, durante semanas, um símbolo de unificação para toda a juventude. Esse mesmo Richard Deshayes deu essa bela resposta à questão "o movimento de juventude de vocês é contra os velhos?": "Não, mas é contra o que nos faz envelhecer." Greves de fome solidárias foram organizadas na faculdade de Nanterre, na capela de São Bernardo em Montparnasse. Elas eram apoiadas por certo número de personalidades universitárias e artísticas. Simone Signoret e Yves Montand, que mobilizavam o mundo, tinham ido visitar os grevistas de São Bernardo, o que rendeu primeira página nos jornais. De certo modo, a questão que Foucault colocaria ao anunciar a existência do GIP tinha amadurecido na opinião pública.

Foi na manifestação ocorrida na capela São Bernardo para anunciar essa quase-vitória dos prisioneiros políticos que Foucault tornou pública a existência do GIP, o que constituiu, de fato, sua criação e explicitou sua autonomia frente às reivindicações dos militantes políticos, abrindo a questão da prisão ao conjunto dos detentos. Sobretudo porque Foucault não queria manter a divisão entre prisioneiros políticos e prisioneiros comuns, divisão que ele iria, em breve, problematizar em suas aulas no Collège de France, numa análise crítica da noção de guerra civil segundo Hobbes.

"Quando a informação é uma luta"[1] é um texto central acerca da ideia de que produzir informação não cabe ao jornal Le Monde, mas às pessoas que se encontram no contexto dessa situação...

Trata-se de coletivizar uma experiência, um saber e uma fonte de legitimidade. O que está em jogo não é a legitimidade do intelectual enquanto intelectual, mas a daquele que sabe um saber popular, coletivo, coletivizado. É o que nós fizemos, seja em relação às prisões, seja em relação à luta contra a AIDS: coletiviza-se um saber que os doentes possuem. Quando eu estava no INSERM, tive a experiência contrária. Acompanhei de jaleco branco uma visita no hospital Cochin na qual o médico-chefe voltou-se para o interno e disse: "Ela está sofrendo?", em vez de perguntar à doente se ela sofria. A paciente se encontrava excluída do diálogo, isso era inaceitável. É através de todas essas mediações que os erros de diagnóstico aparecem.

1. Esse texto, publicado em *J'accuse/La Cause du peuple* em 1971, é reproduzido na segunda parte deste livro.

A primeira vitória do GIP foi a entrada da imprensa e do rádio nas casas de detenção.

Sim, o grupo acabava de ser criado, e já que a agitação não enfraquecia, o governo retirou essa interdição. Essa vitória popularizou a existência do GIP, que subitamente passou a ser conhecida dos detentos, por meio da imprensa autorizada. A partir daí, nas prisões, um advogado nos chamou a atenção para o fato de que os detentos diziam mais "vamos falar com o GIP" do que "com o JAP", que era o juiz de aplicação das penas.

Nós partimos da pesquisa feita pela OPP. Domenach nos relembrou que a cada vez que burgueses eram presos, havia um questionamento da prisão. Assim foi após a guerra contra os colaboracionistas na prisão, depois com os membros da OAS, depois com os maoístas, depois com os delinquentes de colarinho branco...

Isso se verificou ainda em 2000, com os grandes empresários e políticos.

A prisão não é feita para eles, nem para nós. Sabe-se bem que a prisão não começa na prisão. De todo modo, ela é intolerável, porque as pessoas saem dela num estado pior do que antes, um estado de destruição e dessocialização. Foucault assinalava assim que a prisão é um êxito no sentido de que ela não é feita para reeducar as pessoas contra a delinquência, mas para fazer uma clivagem. Há pessoas destinadas à prisão. A prisão não é feita para aqueles que entram nela, mas para amedrontar os que ainda não entraram. Ela é securitária, e não disciplinar ou re-educativa.

O GIP não propunha reformas. O questionário era a porta de entrada, mas depois se desdobrou uma pluralidade de lutas: uma luta em torno da informação, uma luta também pela emergência de uma fala como arma...

Não éramos reformadores. Não cabia a nós propor reformas, mas àqueles que estavam dentro da prisão, e que eram os atores, e aos legisladores, que tinham essa responsabilidade. Nós éramos externos à prisão, e foi por isso também que não dei continuidade ao meu trabalho na prisão. Eu não ia me ocupar, indefinidamente, com problemas que não me concerniam na minha intimidade. A ideia era, efetivamente, que se passasse o bastão. Queríamos que os detentos entrassem no jogo político, que eles fossem atores políticos, que se apropriassem do repertório dos gestos políticos. É essa a verdadeira história do GIP: a apropriação, pelos detentos e suas famílias próximas, do repertório político — manifestações públicas, panfletos, tomar a palavra diante da associação dos planos de saúde... De certo modo, era necessário vencer toda estigmatização que contribuísse com o silêncio. As pessoas eram internadas pelo poder público em nome do povo francês. Nós tínhamos que prestar contas, eles tinham direitos a reclamar. Não podemos deixar que, por descuido, as pessoas se degradem, como é sempre o caso em todos os sistemas penitenciários do mundo. Lembro do dia em que a AFP me telefonou para saber se teria ocorrido um suicídio em uma prisão. Eu não sabia, mas respondi: "Sim, nós estamos em vias de começar a investigação." E, efetivamente, eles me deram tempo para conduzir nossa investigação, para conseguir uma fonte confiável na origem da informação. Nós nos tornamos uma espécie de agência de notícias. Creio que foi uma vitória quando um ato tão obscuro quanto um suicídio na prisão se tornou uma manchete na imprensa. A prisão entrava na atualidade. O GIP conseguiu, assim, fazer emergir a questão das prisões em toda a sua extensão nos anos 1971–1972, ao passo que ela não fazia parte nem da cena real, nem da cena imaginária de 68.

Nossa estratégia era introduzir detentos no campo político, o que não era evidente para parte dos militantes, pois havia uma antiga desconfiança da esquerda em relação à categoria do século XIX, hoje abolida, do *lumpemproletariado*, à qual se supunha que os detentos pertenciam. Como diria Bourdieu, com as prisões, um campo ganhou autonomia em relação às lutas proletárias. Ora, boa parte dos jovens em detenção provisória, frequentemente por consumo e pequeno tráfico de drogas, era defendida pelos advogados da CGT. Logo, eles faziam parte da classe operária, mas não eram nem evocados nem defendidos como tais. Os novos princípios de identificação estavam em vias de deslocar a unidade que, no decorrer do século XIX, havia criado a cultura operária.

Vocês faziam, assim, uma diferença entre o GIP e a EP?
Sim. Eu tinha ficado muito surpreso por ter encontrado nos comportamentos de nossos camaradas italianos da Lotta Continua modos de ação que eu havia conhecido na Unef: eles faziam enquetes nas portas das fábricas, publicavam jornais, escreviam sobre a situação das prisões, mas não se estabeleciam nas fábricas nem fingiam para serem confundidos com os operários. Não havia esse obreirismo próprio da EP. E no GIP, no jogo que jogávamos com os detentos, cada um afirmava o que era socialmente.

Pouco depois, sobretudo pessoas que tinham cumprido longas penas nas prisões centrais se juntaram ao GIP. Há nas prisões e principalmente nas centrais uma cultura anarquista autêntica, frequentemente autodidata. Serge Livrozet, que viria a ser fundador do Comitê de Ação dos Prisioneiros (CAP), deu um perfeito testemunho disso. Esses antigos detentos tinham prazer em encontrar uma personalidade como Foucault. Nós nos reuníamos uns nas casas dos outros para jantar, nos oferecíamos vinhos e rosas, sem fingimento, recusando, de parte a parte, qualquer mentira social. Havia, sem dúvida, certa aspiração burguesa entre muitos dos antigos detentos. Isso me chateava bastante, pois esse não era o tipo de vida que os maoístas adotavam com a classe operária. Para nós, essa era verdadeiramente a vida social normal. Não obstante, isso autorizava alguns a propor financiar o GIP com dinheiro de origem duvidosa, ou oferecer serviços de encomenda, caso eu me sentisse inseguro, desde que com recomendações muito precisas, porque "quando o companheiro atira, ele mata". Neste caso, isso era completamente certo. O rapaz em questão o demonstrou algum tempo mais tarde. Durante anos, a maioria de meus amigos era de ex-presidiários.

Um dia, um velho militante do Socorro Vermelho, que tinha participado de todas as revoluções da terra, me disse muito ironicamente: "Mas o que você esperava das prisões?" Irritado, respondi: "Revoltas!" Para alguns esse era efetivamente o único sinal reconhecido de politização. Mas era evidente que, de fora, não estávamos em condições de iniciar revoltas, cuja repressão era frequentemente sangrenta e secreta. Em contrapartida, podíamos sustentar as revoltas quando elas eclodiam. Os detentos compreenderam isso desde o início e subiram nos telhados para se comunicar com a população, que doravante foi receptiva.

É digno de nota que, partindo do GIP, um dos meus cuidados era incluir a luta nas prisões entre as lutas operárias, o que fizemos com Ariane Mnouchkine, que representou uma curta opereta cômica sobre as prisões nas portas da Renault. Fomos imediatamente acolhidos e compreendidos, sobretudo pelas organizações sindicais (os) dos imigrantes.[2] Mas, na realidade, o fracionamento das lutas que estavam em vias de se constituir por toda parte ressoou na prática do GIP. Por exemplo, o grupo criado por Claude Rouault na prisão de mulheres de La Petite-Roquette, em Paris, nos conduziu rapidamente a aproximar o problema dessas mulheres das lutas feministas: os motivos de detenção não eram os mesmos que os dos homens, os problemas com que as mulheres eram confrontadas não eram os mesmos, ou seja, as questões eram específicas. As mulheres visitavam seus maridos presos, mas os homens não visitavam suas mulheres na prisão.

Isso também se aplicava aos homossexuais na prisão? Essa era também uma questão específica?

A homossexualidade na prisão é uma questão complicada e muito frequentemente mitificada. Não é fácil para as pessoas deixarem que se saiba que são homossexuais. Falar disso coloca em questão a imagem do detento. É verdade que nos Estados Unidos a gestão da prisão utilizava a homossexualidade nas grandes penitenciárias, onde havia muitas bichas que eram quase protegidas e oferecidas. Sem dúvida que se fazia isso também nas prisões francesas: enfiavam um "Gitão"[3] para fazer com que alguém falasse. Havia, provavelmente, uma gestão da homossexualidade. E, como me disse um detento, se alguém se deixasse levar por seu desejo homossexual, se tornaria a "cachorra" da prisão. De início, os homossexuais eram os primeiros a se calar, para não terem problemas. Por outro lado, as travestis logo entravam em

2. Referência às organizações sindicais compostas por imigrantes que chegaram em massa na França, a partir de 1945, para trabalhar na indústria automobilística, especialmente na Renault. [N.T.]

3. Personagem homossexual do *Satíricon* de Petrônio.

contato conosco. Elas eram presas de saia,, depiladas, barbeadas e maquiadas, e saíam de saia, mas peludas e bigodudas. O problema delas era, justamente, a saída.

O tema nas produções do GIP aparece muito claramente no último panfleto, intitulado "Suicídios nas prisões".
Sim. Tínhamos publicado com Deleuze as cartas de H.H., na verdade Gérard Grandmontagne, um detento homossexual que tinha cometido suicídio durante um período de depressão profunda. As cartas em questão são endereçadas a seu companheiro, e falam sobre o encarceramento e o tratamento que recebeu na condição de homossexual.

Pelo viés da prisão, vocês também abordaram a questão da toxicomania?
A toxicomania começava então a ser um motivo de internamento em massa de pessoas muito jovens, sobretudo pela pequena toxicomania, o consumo de haxixe. A heroína chegou um pouco mais tarde. Era coisa muito nova. Em 1968, houve um uso recreativo e burguês das drogas que começou a se proletarizar com a injeção de heroína. A socióloga Anne Coppel, que colaborou muito com o *Aides*, relata muito bem como, nos anos seguintes, se individualizou e se psicologizou alguma coisa que, no início, era comunitária. Começaram a reprimir os jovens usuários, principalmente na periferia. E foi em 1970 que se adotou a lei a favor do encarceramento pelo uso ou posse de drogas.

Entretanto, até então não havia na França uma verdadeira cultura da droga. Este não era ainda um fenômeno muito vasto, para que pudéssemos nos colocar a questão da toxicomania na prisão. De fato, o fenômeno era mais generalizado do que sabíamos, mas é necessário compreender que tínhamos um problema de meios de comunicação com os detentos. Nos comunicávamos através de papel e não diretamente, face a face. Ora, a droga implicava, provavelmente, da parte dos detentos, cumplicidade com os agentes. Não podíamos fazer perguntas de forma agressiva. Uma resposta afirmativa sobre uma sala de pico[4] na prisão teria colocado em questão a venalidade dos agentes. Por todas essas razões, jamais pudemos verdadeiramente encarar de frente a questão da toxicomania na prisão. A AIDS é que colocaria, de fato, o problema.

A comunicação com os prisioneiros implicava necessariamente suas famílias, as mulheres, mães e crianças que, na época, esperavam diante das portas das prisões e que eram extremamente estigmatizadas.

O próprio fato de deixar as famílias esperando do lado de fora era uma estigmatização. No início, elas desconfiavam de nós e não ousavam falar conosco. Foi no dia 1º de maio de 1971 que ocorreu uma mudança. Fomos presos distribuindo lírios-do-vale[5] e panfletos para as famílias diante da Santé. A flor era uma espécie de lembrete para incitar as famílias a falar da prisão durante a conversa com os detentos, o que era proibido. Durante essa conversa, não se tinha o direito de falar da prisão. Tratava-se de convencê-los, por meio dos lírios-do-vale, a tomar um risco coletivo. A polícia nos prendeu e, então, as famílias pegaram os panfletos e nos substituíram. Foi a partir desse momento que as famílias começaram a militar no GIP. Nosso questionário as ajudou a descobrir a prisão. Finalmente, nossa detenção fez com que aparecessem artigos na imprensa. E, a imprensa entrando no jogo, nossas enquetes começaram a figurar nos jornais, as famílias viram que o que fazíamos tinha um efeito e elas nos levaram a

4. Sala onde os dependentes de heroína podiam se "picar", na tentativa de evitar os graves riscos que corriam em virtude da abstinência. [N.T.]

5. Na França, é costume presentar as pessoas com ramos de lírios-do-vale no dia 1º de maio. [N.T.]

sério. Havia uma circularidade entre o que se fala do GIP e como as pessoas nos viam. Uma dessas mulheres extraordinárias, que tinha dois filhos na prisão de Fleury, veio ver Foucault durante cerca de um ano e, a cada visita semanal a seus filhos, ela relatava um fragmento de resposta.

Ao escutá-lo, compreendemos que o manifesto do GIP que afirma que "a prisão é uma caixa preta"[6] não era apenas uma bela imagem: era a realidade.

Sim, era a verdade. Não se podia perguntar às famílias o que se passava na prisão, elas não sabiam de nada. Subitamente, educadores, visitantes, assistentes sociais, alguns advogados e antigos detentos começaram a falar publicamente.

A liberação da fala dos antigos detentos foi particularmente emocionante. Quando me ocupei do processo de Saint-Nazaire, eu havia colado dois cartazes sobre as prisões, um diante do outro sobre um cavalete, na rua. Antigos prisioneiros leram os cartazes e começaram a comentá-los. Foi nesse momento que vi, pela primeira vez, alguém falar publicamente de sua experiência de detido pelo direito comum. Na sequência, retomei esse pequeno dispositivo dos painéis, um diante do outro, um pouco por toda parte. A mensagem foi passada. Organizamos um primeiro encontro sobre a prisão na Mutualité, em 11 de novembro de 1971, com a sala totalmente cheia. Foi a mesma história em relação à AIDS: poder falar dela e permitir uma transformação política do

6. Manifesto do GIP anunciando sua criação, em 8 de fevereiro de 1971, assinado por Jean-Marie Domenach, Michel Foucault e Pierre Vidal-Naquet.

sujeito. Pouco a pouco, os jornais começaram a publicar nossos questionários. Em junho de 1971, o primeiro panfleto do GIP foi publicado: "Enquete em vinte prisões!"[7]

Os panfletos logo se transformaram em outro canal de difusão do questionário sobre as prisões, mas, na realidade, cada comitê do GIP, que era autônomo, inventava suas próprias formas de ação: em Toulouse, por exemplo, uma religiosa, mas também enfermeira, se inflitrou no meio dos michês. Estes também tinham uma prática da prisão diferente e comunitária. Eles se implicaram rapidamente, em particular as mulheres. Estas não tinham sido aniquiladas pela estigmatização, a que estavam habituadas, e reagiam muito mais violentamente que os outros contra a administração.

Em 1971 uma série de revoltas agitaram as prisões francesas...
De início, as coisas se aceleraram com a entrada da imprensa nas prisões, depois com a revolta de Attica, a grande prisão no estado de New York, em setembro de 1971, que fez numerosos mortos entre os detentos e os guardas. Todos os detentos da França ficaram sabendo disso e, alguns dias mais tarde, dois detentos da central de Clairvaux tomaram uma enfermeira e um agente como reféns, antes de matá-los. Os sindicatos dos agentes e da administração questionaram a entrada da imprensa nas prisões e a influência do GIP. Isto teve por efeito relançar campanhas na imprensa a favor da pena de morte — e notadamente para os dois assassinos de Clairvaux —, e o debate sobre as prisões e a pena de morte tendiam a se confundir em certos jornais. Para acalmar os sindicatos, o ministro da defesa, René Pleven, decidiu proibir os presentes de Natal dos detentos, particularmente impopulares

7. GIP, "Enquête dans vingt prisons", *Intolérable*. Paris: Champ libre, 28 de maio de 1971. Este texto está novamente disponível em: Groupe d'information sur les prisons, *Intolérable*. Paris: Verticales, 2013.

entre os guardas em razão do acúmulo de trabalho que eles ocasionavam. No final de novembro, se iniciaram as greves de fome e os movimentos de protesto nas prisões. Enquanto o GIP se manifestava com as famílias dos detentos em Paris, as primeiras revoltas eclodiam nas prisões francesas, das quais duas, Nancy e Toul, foram saqueadas. Segundo a confissão do próprio capelão da central de Toul, o saque da prisão de Toul pelos jovens detentos e a assembleia geral que se seguiu em meio às ruínas da prisão foram seu maio de 68.

Logo após as revoltas, organizamos um encontro em Nancy, presidido por Jean-Marie Domenach e Gilles Deleuze, do qual participou Michel Panoff, etnólogo no laboratório de Lévi-Straus, de onde havia conduzido a contestação em 1968. Os antigos detentos, ditos de "direito comum", chegaram em massa com a intenção de testemunhar, a ponto de que, não podendo acolher a todos na tribuna, colocamos a sua disposição gravadores para que registrassem seus testemunhos. Para minha grande surpresa, eles não começaram dizendo que "a prisão é suja e a comida é ruim", mas por sua história pessoal: eles foram, praticamente todos, crianças atendidas pela DDASS (Direção Departamental das Questões Sanitárias e Sociais). Essa experiência da prisão se inscreve, pois, num destino, e não numa simples dificuldade cotidiana. Jacky Hoffman, que foi considerado pelo tribunal como líder da revolta de Nancy, era um rapaz extraordinário, que me fascinava. Ele me contou que se sentia bem somente na prisão, que só lá tinha amigos. Até então, sua vida tinha sido insuportável.

Foi nesse momento que meu engajamento no GIP, que era fundamentalmente político e ligado ao meu pertencimento à EP, pendeu para o lado do que havia de mais íntimo em mim: o fato de que minha mãe havia sido deixada alguns dias após seu nascimento na Assistência Pública (hoje a DDASS). A sensibilidade de nossa fratria sempre viveu essa farpa como uma ferida aberta. Eu sabia bem que não era apenas a transgressão, a delinquência e a justiça que estavam em causa, mas um sofrimento muito mais profundo. Eu jamais quis ser associado a engajamentos abstratos.

Após a revolta da prisão Charles-III, em Nancy, vocês decidem ajudar os supostos amotinados no momento de seus julgamentos.

O GIP se encarregou da defesa dos seis amotinados considerados mentores, com os advogados Henri Leclerc e Alberto Naud.[8] Nós taquigrafamos todo o julgamento, que posteriormente Ariane Mnouchkine representaria no Théâtre du Soleil após seu mítico espetáculo *1793*.

Finalmente, os acusados foram, creio, menos condenados do que de costume. O procurador questionou o GIP. Mas, na realidade, os amotinados tinham conseguido, muito inteligentemente, se inscrever no espaço público, subindo nos telhados e lançando panfletos à população. A foto deles sobre os telhados se tornou um dos grandes símbolos dessa época, popularizada num quadro de Gérard Fromanger.

O caso Jaubert,[9] que mobilizou Foucault e seu entorno imediato juntamente com o Socorro Vermelho é da mesma época que o caso Djellali,[10] acerca do racismo e a questão da moradia. A ideia de que há lutas locais e de que era necessário lutar

8. Albert Naud, grande figura da Ordem dos Advogados, mais à direita, tinha sido o advogado de Pierre Laval.

9. Após uma manifestação de militantes antilhanos, no bairro da Goutte d'Or, o jornalista Alain Jaubert, foi espancado por policiais ao tentar acompanhar um militante ferido que viu ser embarcado num furgão da polícia. Foucault reconstituiu os fatos com o advogado Denis Langlois — uma grande figura da LDH (Liga dos Direitos Humanos) e que denunciava práticas policiais — e Claude Mauriac. A investigação deu ensejo para a mobilização de muitos jornalistas e o comitê dos jornalistas, criado em seguida, foi uma das tribunas do lançamento, um pouco mais tarde, do jornal *Libération*.

10. Após o assassinato de um jovem argelino da Goutte d'Or por um vigia de um prédio residencial, circularam rumores de que se tratava de um crime de racismo ligado a uma operação imobiliária, visando à expulsão da população argelina do bairro. Duas facções militantes antagonistas se mobilizaram: de um lado, o Comitê Palestina, que propunha uma resposta armada; de outro, a EP, que era favorável a uma mobilização democrática

por toda parte onde existisse um foco intolerável de poder de fato estava inscrito no manifesto do GIP.

A articulação polícia e justiça representava a verdadeira questão do GIP, tanto quanto a detenção. Aliás, nós tínhamos dado uma atenção muito maior às penas curtas e à detenção preventiva do que às penas longas e à vida nas penitenciárias centrais, que se tornaram objeto de um grande fascínio, ao mesmo tempo por parte dos capelães quanto da literatura.

Para você, a recusa da luta armada e da violência era muito clara.

A outra questão era o risco de terrorismo. A violência está em toda parte: a questão aqui não é tanto a violência quanto a resposta armada. E tanto para Foucault quanto para mim, o terrorismo era inaceitável num país democrático. É por essa razão que Foucault, contrariamente a outros intelectuais, não havia apoiado as Brigadas Vermelhas. Numa ditadura, quando não há alternativa, pode-se recorrer a um atentado. Mas aderir à luta armada na França e, aliás, na Europa, nesses anos, mostraria uma incapacidade política, uma visão curta, próxima do fascismo. Vê-se bem nesses dois casos que, se não houve terrorismo na França, foi porque havia freios internos na EP e entre os intelectuais. Quando Foucault partiu para o Irã, ele me recomendou: "Se eu for feito refém, não quero nenhuma campanha. Diante do terrorismo, não se deve ceder em nada."

Há também um retorno ao saber enquanto tal a partir de 1973–1974. As pessoas voltaram aos concursos públicos ou reinvestiram domínios intelectuais pesados.

da população do bairro e de intelectuais de renome como Sartre e Foucault, que se encontraram pela primeira vez nessas circunstâncias. Michel Foucault, Claude Mauriac, Jean Genet, Jean-Claude Passeron e outros criaram nesta ocasião o Comitê Djellali, uma espécie de investigação permanente sobre os acontecimentos em curso.

Alessandro Fontana dizia, justamente, que Foucault desempenhou um papel importante nesse caso. Sua presença na Biblioteca Nacional durante o dia e em manifestações à noite era um belo exemplo disso. Ele dizia que voltou a tomar muito a sério os estudos. *Vigiar e punir* havia surpreendido bastante. Lembro de um artigo de Jacques Revel, que dizia que se esperava um livro militante e que se descobriu um ensaio histórico, mas que tinha um efeito militante.

A elaboração do trabalho de Foucault serviu também a sua militância no GIP?
Foucault refletia o cotidiano das ações do GIP. Na porta da Santé, um dia em que distribuíamos panfletos, abordamos uma mulher que ia ver seu filho. Ela disse que não sabia de nada, que nada tinha a nos dizer. Depois, ficou encolerizada e revelou com rara lucidez uma consciência acerca da prisão e os efeitos do prontuário jurídico. Contei o ocorrido a Foucault, que fez o seguinte comentário: "Não é mesmo estranho que os partidos proletários se deem esse objetivo? Ajudar a classe operária a se conscientizar, a eliminar seu corporativismo espontâneo. Mas a questão é tomar a palavra. A tomada de consciência permite aos intelectuais confiscar a palavra."

No GIP, vocês recebiam os formulários, mas não questionavam a veracidade das respostas. Para vocês, se os detentos escrevessem e se tomassem a palavra, eles diziam a verdade.
Sim, não se podia controlar isso. Foi a aposta que Foucault quis que fizéssemos. Os juízes e advogados nos diziam que era necessário desconfiar dos detentos. Eu mesmo vi cartas endereçadas aos visitantes da prisão, nas quais se pedia uma ajuda, em que se sentia a mentira. Mas estávamos numa relação da qual eles não esperavam grande coisa, além da denúncia da prisão. Isso era crível.

Um dia, tínhamos recebido um questionário preenchido em Toul, anônimo, que contava a história de um detento que teria ficado preso por oito dias na solitária, amarrado a uma cama de metal. Havia um buraco no leito para que evacuasse e urinasse. Não se poderia crer nisso. Algo desse tipo não poderia ser publicado, sob o risco de ficarmos completamente desacreditados. Finalmente, Foucault relembrou que havíamos acreditado em todos os outros e que, por isso, publicaríamos esse também. O questionário foi publicado e nenhum jornalista duvidou de sua credibilidade. Nenhum texto o contestou. Apenas depois da revolta de Toul é que revelou-se que essas práticas realmente existiam, provocando um escândalo. Fomos a Toul com Foucault, e o capelão, o abade Velten, nos disse que foi ele quem postou esse questionário. Ele queria que se soubesse disso, mas a censura não o teria deixado absolutamente passar. Entretanto, nessa hora, não pude deixar de perguntar como o capelão havia tolerado isso, por que tinha sido necessária a existência de nosso grupo e por que teve de haver uma revolta para que se soubesse disso. A psiquiatra de Toul, a doutora Rose, confirmou tudo isso e foi demitida.

O que se passou com a criação do CAP [Sindicato dos Prisioneiros]?

No segundo semestre de 1972, o CAP foi fundado por homens que haviam saído da prisão, justamente após as revoltas. Nós já os conhecíamos. Na prisão central de Melun, aquela dos intelectuais — pois eles imprimiam lá o Jornal oficial — estava detido Serge Livrozet,[11] que tinha paixão por escrever e que foi a figura maior

11. Escritor e editor, criou, em 1985, a editora Les Lettres libres. Serge Livrozet passou inúmeros anos na prisão, no decorrer dos quais militou contra as condições penitenciárias e se correspondeu com Michel Foucault. Ao sair da prisão, criou o CAP.

do CAP, que tornou-se, assim, o primeiro sindicato de prisioneiros e antigos prisioneiros a existir na França.

Jamais questionou-se, ou, em todo caso, nunca foi uma questão discutida coletivamente, que o CAP foi criado a partir do GIP? Não, porque os antigos prisioneiros queriam sua autonomia e o GIP queria que eles tivessem a palavra. Não havia nenhum sentido em confundir as duas organizações.

Infelizmente, o CAP quis ocupar um espaço mais intelectual que de massa, fazendo-se conhecer por meio de um jornal intitulado *Le Cap*. Concentrando sua ação na produção de um jornal mensal, ao comitê faltou o que fazia a capacidade de resistência do GIP: sensibilizar, dia após dia a impressa diária para o que se passava nas prisões. No início, Foucault e alguns membros do GIP participaram do jornal, mas muito rapidamente nos fizeram compreender que não tínhamos a experiência da prisão. A longa duração da detenção hierarquizada e qualificada. Soljenitsyne notou, justamente, que era necessário desconfiar daqueles que valorizam sua longa experiência na prisão: esta não é a experiência da liberdade.

O GIP terminou aos poucos, na medida em que o CAP foi criado? Após as revoltas, a dispersão dos supostos mentores e o restabelecimento de certa calma oficial nas prisões, assistiu-se efetivamente a uma onda de suicídios de detentos e uma parada na mobilização. Sempre houve suicídios na prisão, mas o número havia quase dobrado depois do movimento das prisões e suas 35 revoltas. Em seguida, o movimento esmoreceu. A EP foi dissolvida, o Socorro Vermelho não existia mais. Nós não fizemos mais recrutamentos. A Associação de Defesa dos Direitos dos Detentos (ADDD), que, de início, era constituída em torno de antigos comunistas — Dominique Eluard, o advogado Léo Matarasso, Vercors — e que Deleuze e Domenach, com Mauriac, aceitaram animar, oferecia uma permanente ajuda jurídica à disposição das famílias dos detentos. Essa Associação continuou por um tempo a intervir junto às autoridades ministeriais ou judiciárias. Com Foucault, nos retiramos progressivamente, após o nascimento do CAP. Deleuze e eu organizamos um último folheto do GIP, "Suicídios nas prisões". Certamete era uma denúncia, mas ela foi percebida como se não houvesse mais movimento nas prisões e que os detentos se sentiam sós: um complexo de abandono, ainda que isso não fosse forçosamente verdadeiro para todos os detentos, pois isso se passava sobretudo nas casas de detenção. O movimento de revolta foi retomado espontaneamente em 1974, e Giscard criou então uma Secretaria de Estado voltada para a condição penitenciária. A situação é, ainda hoje, catastrófica.

Em *Vigiar e punir*, Foucault mostra que, desde a origem do sistema penitenciário, constatou-se, poucos anos depois, seu fracasso. Esse fracasso é medido pela recidiva. Desde a origem, a prisão sabia que ela não reeducava. Sua função é outra.

NOVOS FRONTS

Após a eleição de Giscard d'Estaing, você e outros retomam seriamente os estudos e, ao mesmo tempo, uma função política. Foucault, nos seus cursos, explica bem a função política do trabalho intelectual e da pesquisa histórica nas lutas contemporâneas. É o momento em que Rancière lança a revista Révoltes logiques, na qual Lion Murard trabalha sobre a história social do século XIX. Há um recurso à história como crítica do presente...

É verdade. Há, da mesma forma, o primeiro choque do petróleo, que começa em 1973. E, em seguida, o conflito na LIP,[1] que, para Foucault, é a primeira greve que coloca o problema do emprego, enquanto a LIP era, para os contemporâneos, vivida como uma retomada de 1968. São os operários da fábrica LIP — os da CFDT [Confederação Francesa Democrática do Trabalho], não a CGT [Confederação Geral do Trabalho] — que ocuparam a fábrica, tentaram fazê-la funcionar novamente e comercializaram os relógios, que foram apreendidos como tesouros de guerra. Todos os esquerdistas correram para lá. Fui lá com as pessoas da EP e retornei com Foucault. Lembro-me de todos esses jovens militantes colando seus cartazes nos muros da LIP. Revejo o líder sindical, Jean Piaget, passando e arrancando furioso todos os cartazes, dizendo que eles não eram estudantes, que a fábrica não

1. Tradicional marca de relógios francesa, fundada em 1867. A partir dos anos 1960 a empresa começa a enfrentar uma séria crise financeira que redundou nos protestos de 1973, relatados por Daniel Defert. [N.T.]

era a Faculdade de Belas Artes: tratava-se de uma luta operária. Os estudantes também tinham discursos delirantes — "A luta de vocês não é suficientemente radical, vocês vendem relógios, mas por que não os dão?" —, enquanto o problema da LIP era uma reconversão parcial, que os operários não queriam. Eles eram relojoeiros e lutavam pela identidade do emprego. Algumas semanas mais tarde, fui com Foucault para o Japão. Lá, visitamos uma fábrica de máquinas de costura, que eram convertidas em submetralhadoras ou o inverso. Os operários japoneses estavam muito orgulhosos por terem aprendido uma nova técnica. Na França, não seria tão fácil uma empresa emplacar uma nova aprendizagem, e que ela mesma a assegurasse, tal o peso da ilusão da identidade. Nós tínhamos ido à LIP, com Foucault, como observadores. E, como havia pessoas detidas, empenhei-me nesse caso, juntamente com o padre dominicano da LIP, Jean Raguénès. Este foi o último texto do GIP na *Esprit*.

A EP se dissolveu pouco a pouco, nessa época...

Não sei mais exatamente em que momento ela se dissolveu. Tudo foi pouco claro. Eu o constatei sem sabê-lo oficialmente por vias internas, não houve nenhuma circular. De repente, não havia mais nada, nenhuma reunião, não fomos mais convocados. A dissolução foi feita após os eventos da LIP, em que o EP teria se sentido inútil. Jamais recebi qualquer explicação oficial. Assim ele se dissolveu, no sentido estrito.

Durante os sete anos do mandato de Valéry Giscard d'Estaing, você ficou mais recolhido?

O início do mandato dele foi marcado por um período liberal, que contrastou com os anos de Marcellin.[2] Há um filme que restitui

2. Referência a Raymond Marcellin (1914–2004), Ministro do Interior da França de 1968 a 1974, que compartilhava do espírito de retorno ao rigor e à ordem, após o maio de 1968. [N.T.]

perfeitamente essa atmosfera: *Que la fête commence*, com Philippe Noiret no papel do regente. É a evocação da libertinagem que sucedeu ao fim da monarquia absolutista de Luís XIV, na sociedade francesa. Para todo mundo, era uma metáfora dos anos Giscard, depois da longa administração De Gaulle e dos anos da doença de Pompidou.

Giscard tinha criado uma Secretaria de Estado voltada para as prisões, visitou prisioneiros e recebeu lixeiros, modificou a idade da maioridade, iniciou a lei Veil sobre o aborto... Foi a época em que nasceram, na esteira do GIP, movimentos específicos como o Grupo de Informações sobre os Asilos (GIA), o Grupo de Informações e Apoio aos Trabalhadores Imigrados (GISTI) e o Grupo de Informação sobre a Saúde (GIS). Ficamos ligados a esse último grupo, aos debates sobre o aborto. Mas, se Foucault intervinha, eu, com efeito, já não me implicava mais regularmente.

Você depois acompanhou o Front Homossexual de Ação Revolucionária?[3]

Não. Devo ter ido uma única vez a uma reunião do FHAR, que era mais efervescente que teórica, e um pouco um lugar de pegação no corredor da Escola de Belas-Artes. Sem ser totalmente pudico, me resta algum pudor herdado do jansenismo de minha avó paterna. O surgimento do FHAR no espaço público foi marcado pela interrupção famosa no programa de televisão de Menie Grégoire,[4] em março, creio, depois por uma presença no cortejo sindical de 1º de maio de 1971. Mas não vi emergir nada que se assemelhasse

3. O FHAR foi fundada em 1971, em Paris, por feministas lésbicas e militantes gays, entre os quais Christine Delphy, Françoise D'Eaubonne, Hélène Hazera, Daniel Guérin, Jean Le Bitoux e Guy Hocquenghem. Movimento revolucionário, o FHAR desejava reverter a ordem burguesa e o "heteropatriarcado" da sociedade.

4. No dia 10 de março de 1971, o FHAR invadiu o programa de Menie Grégoire, cujo tema era a homossexualidade, acusando seu posicionamento de homofóbico e moralizante, por ter convidado apenas padres e psicanalistas para debater o tema. [N.T.]

a uma contracultura, talvez nem mesmo a um evento. Mesmo a primeira parada gay (em 1977) eu não percebia como um evento relacionado a Stonewall.[5] Não chegava a setecentas pessoas.

Os militantes do FHAR eram muito mais jovens que eu, provavelmente mais hedonistas, como Guy Hocquenghem. Em geral, eram as mesmas pessoas que negaram a AIDS no início dos debates sobre a doença, o que é compreensível, uma vez que descobriram, com a importação do modo de vida americano, uma liberdade nova. Alguns militantes, que eram meus alunos, reivindicavam uma antropologia bissexual da qual eu não estava convencido e que os aproximava do movimento feminista, então em plena construção.

Como foi seu papel na criação do jornal Gai Pied, no fim dos anos 1970? Constituiu-se ali uma nova luta em torno da informação?
Em 1979, o *Gai Pied* foi o primeiro jornal gay vendido em bancas, cuja finalidade não era apenas encontros ou fotos, mas uma visibilidade política. O título desse jornal semanal tinha sido discutido em casa, com Jean Le Bitoux, seu fundador, um amigo de Foucault. Eles tinham pensado em *Gay tapant*,[6] e Foucault sugeriu *Gai Pied*, "para sair do vespeiro[7] dos guetos". Foucault amava os jogos de palavras à la Brisset. Não me senti mobilizado por este empreendimento, que era um jornal de jovens e, além disso, eu não tenho nenhum prazer em escrever. Antes da AIDS, jamais intervi no *Gai Pied*.

5. Os motins de Stonewall ocorreram em junho de 1969, em Nova York, após uma batida da polícia no Stonewall Inn, um bar no bairro de Greenwich Village. Esses motins são considerados como iniciadores do movimento pelos direitos cívicos em favor dos homossexuais nos Estados Unidos.
6. Literalmente, "Precisamente Gay" ou ainda "Gay na hora certa", "no tempo certo". [N.T.]
7. Foucault joga com a aliteração de *gai pied* e *guêpier*, "ninho de vespas" em francês. [N.T.]

Em 1979, estávamos a dois anos da identificação da epidemia de AIDS pelo Center for Disease Control (CDC) de Atlanta, ou seja, a epidemia surgiu no mesmo momento em que o meio gay francês experimentava uma liberdade de fala, de visibilidade e de expressão nova. Isso explica a dificuldade, na época, de receber essa informação ou a incredulidade que se exprimia num jornal concorrente como o *Samurai*, que não hesitou em afirmar que a AIDS era uma invenção da direita de Reagan contra os homossexuais.

Sua atuação política, até o Aides e mesmo depois, nunca se deu numa luta homossexual. Será que deveríamos nos contentar com seu argumento, que é forte, de que "Prefiro militar com todo mundo a estar entre homossexuais"?

Sim. E era assim explícito. Minha maneira de intervir era ser quem eu era no meio marxista ou operário. A homossexualidade jamais foi meu "doloroso problema". Fui apresentado a Foucault por Robert Mauzi como alguém que vivia sua sexualidade com uma facilidade incrível. Vivi muito abertamente com Foucault durante quase 25 anos, e isso era claro para todo mundo. Em todo caso, quando descobri no *Aides* o número de nossos militantes que eram casais, fiquei surpreso, porque no início dos anos 1960 isso não era fácil, pelo menos para mim. Embora a sexualidade fosse uma coisa fácil, demonstrar a seus vizinhos de porta ou comerciantes locais uma vida de casal era afrontar uma reprovação explícita. Confessei meu espanto a Simone Signoret acerca desse surgimento de casais gays e ela teve a gentileza de me responder: "Não é à toa que você está com Michel."

Entretanto, você não se sentia próximo do movimento dito "de liberação"?

A noção de liberação supõe uma natureza ou uma essência esmagada. Ora, considero esse termo um pouco inadequado. De fato, fez-se a passagem dos elementos vividos como parte da vida privada, com lugares, rituais e uma sociologia discreta, para uma expressão pública. Não se tratava, pois, da descoberta de uma natureza, mas muito mais de uma afirmação na cena pública de alguma coisa que era íntima. Na época, uma maneira polida de falar desses "costumes desprezados" era dizer: "Tenho um amigo um pouco pederasta." No fundo, de ambas as partes, o que se fazia era minimizar. Pessoalmente, jamais considerei que a sexualidade pertencesse verdadeiramente à esfera da vida privada. Sempre sustentei, no interior do *Aides*, que toda sexualidade emerge no espaço público: casamentos, nascimentos — legítimos ou ilegítimos —, celibato, doenças, escândalos, há sempre um resultado público. É o que, no fundo, Lévi-Strauss nos havia devidamente demonstrado.

Mas, justamente nessa época, a homossexualidade aparecia de maneira mais franca no espaço público.

Na metade dos anos 1970, eu diria que houve uma espécie de "americanização" da vida gay, que progressivamente se concentrou no bairro do Marais. Os gays começaram a se construir como minoria visível. Com a abertura dos primeiros bares no Marais — o primeiro foi o Le Village, na Rue du Plâtre, que abria à tarde, com sua vitrine transparente voltada para a rua e preços comuns —, surge uma visibilidade no exterior daquilo que se passava no interior. Em Saint-Germain, o terraço do Flore era identificado há muito tempo como um importante ponto gay de Paris, mas a homossexualidade era mais presente que visível. Lembro que havia sempre muitos michês diante de uma farmácia de Saint-Germain, identificáveis apenas pelos iniciados. Por outro lado, não se via o que se passava nos bares gays, que, deveriam assegurar uma discrição. Logo, mais que falar de liberação, como o fazia a FHAR, eu diria que houve uma visibilidade afirmada no espaço público.

Tratava-se de um acontecimento que se acentuou provavelmente nos Estados Unidos, depois de Stonewall. Em 1961, fui aos Estados Unidos com os primeiros voos charters que tinham sido inaugurados pela administração Kennedy, para favorecer a descoberta do país pelos estudantes europeus, justamente após o lançamento do Sputnik pelos russos. Nessa época, a homossexualidade não era, inteiramente, uma questão política. O problema político era a questão dos direitos civis dos afro-americanos. Certamente, Greenwich Village, em Nova York, atraía os homossexuais e, sobretudo, as lésbicas. Mas antes de tudo era um bairro onde viviam os casais mistos, negros e brancos. O que era impressionante na época era a miséria homossexual. Havia hotéis para homens celibatários, entre os quais os da Associação Cristã dos Moços, que eram lugares de consumo sexual para as populações mais pobres. O historiador George Chauncey[8] restituiu, com perfeição, a outra face, mundana e antiga, da homossexualidade. Logo, a "liberação" dos anos 1970 foi bastante mitificada.

O que você entende exatamente por "americanização"?
Nos Estados Unidos, creio que a visibilidade homossexual se manifestou por meio de dois eventos: de uma parte, a masculinização dos homens homossexuais, isto é, uma saída de um jogo do papel masculino-feminino em proveito do que se chamou de "clones", isto é, uma homogeneização do meio homossexual por meio de uma espécie de uniforme viril — jeans, blusões, bigodes, cabelos mais ou menos raspados... Essa "clonagem" física

8. George Chauncey, *Gay New York. 1890–1940* (1995). Paris: Fayard, 2003.

e por meio do vestuário apagou as diferenças sociais, que eram um elemento importante do erotismo das décadas anteriores. A homossexualidade americana se constituiu como contracultura urbana investindo bairros inteiros que frequentemente ela renovava e gentrificava, introduzindo neles festas, bancas de objetos eróticos — os adeptos do couro, motoqueiros —, e creio que foi a fascinação dessa contracultura que atravessou o Atlântico. Numa manhã pálida de São Francisco, lembro de ter assistido um caloroso "*hello*" de uma gigantesca *drag queen*, toda cintilante de paetês, trocado com a sólida policial lésbica que orientava o tráfego num cruzamento de Castro. Um outro mundo.

No fundo, houve na França uma imitação, sem que tenha havido um verdadeiro trabalho teórico. Parece-me que o único trabalho teórico que houve nessa época, na França, provém de Foucault com *A história da sexualidade*, publicado em 1976. Os militantes americanos foram, em todo caso, os primeiros a reconhecerem Foucault, bem antes do movimento francês que se exprimiu no *Gai Pied*.

Em contrapartida, se a militância foi sustentada por uma fração urbana e sobretudo intelectualizada, a epidemia de AIDS atingiu todos os meios. As pessoas se tornaram visíveis, à sua revelia, para os médicos, para sua família e seu local de trabalho, fisicamente identificáveis. A epidemia foi recebida como uma espécie de destino que redistribuía todas as fronteiras existentes. Sempre hesitei em empregar a expressão "comunidade homossexual", pois, de fato, ela era composta de redes sociais e eróticas muito diversas, mas a epidemia foi, provavelmente, um elemento decisivo na produção de uma comunidade. A história da AIDS contribuiu para forjar uma visibilidade social e política e uma comunidade.

O Arcadie[9] não tinha uma dimensão política?

Sim, em 1950, totalmente! Mas tratava-se a homossexualidade precisamente como elemento da vida privada. Pessoalmente, devo ter ido uma única vez a uma reunião com Françoise d'Eaubonne, em 1966. Tratava-se de se proteger, da polícia principalmente. O jantar anual da associação era sempre feito em presença de um comissário de polícia. Era necessário ter boas relações protetivas com as autoridades. Era uma franco-maçonaria, uma rede social que defendia não tanto a homossexualidade quanto a "homofilia", creio que esse era o termo. Havia uma rede de advogados e de comissários de polícia para regulamentar o "caso dos mictórios",[10] que desenhavam a geografia homossexual. O Arcadie regulava todas essas questões por meio de relações políticas.

Nos anos 1980, em contrapartida, os homossexuais foram confrontados com a grande história, isto é, uma pandemia que, *volens, nolens*, revelava sua própria intimidade ao entorno profissional e familiar. Ao mesmo tempo, ela revelava a todos esses meios que essa orientação sexual estava muito mais próxima do que imaginavam. Não é possível compreender a transformação da visibilidade e da aceitação da homossexualidade sem a importância dessa tragédia. É nesse contexto que os modelos de expressão política da homossexualidade encontraram seu lugar, o que de certa forma se universalizou. É sempre com a mesma emoção que recordo o discurso de militantes homossexuais soropositivos japoneses em Yokohama, diante do filho do Imperador; meu encontro em Vancouver com os representantes dos homossexuais soropositivos dos *townships* de Soweto; ou, em Nova Délhi, um

9. Grupo "homófilo" francês, criado em 1954 e dissolvido em 1982, cujo objetivo era promover as ligações afetivas entre homens e uma imagem respeitável da homossexualidade masculina.
10. Isto é, as detenções nos banheiros públicos.

grupo balbuciando diante dos médicos sikhs, que afirmavam que essas coisas não existiam na Índia. A epidemia de AIDS foi a ocasião e o suporte de uma difusão universal daquilo que Foucault chama uma "forma de subjetivação".

Vê-se que suas viagens possibilitaram-no pensar a política em relação a outras situações, das quais você foi testemunha.

Sim. Dito isso, o único lugar fora da França no qual participei de alguma forma de militância homossexual foi Londres, onde tive o hábito de passar uma parte dos meus verões, na Biblioteca Britânica. Descobri um movimento, a Campanha pela Igualdade Homossexual (CHE), que tinha a dupla vantagem de fazer suas reuniões semanais nos mais belos bares de Londres e de ter construído um arquivo da vida homossexual, convidando testemunhas cuja história eles registravam. Lembro de três sessões particularmente tocantes: a vida de um homossexual que trabalhava nas minas de carvão, o relato de um palhaço transexual, excluído tanto dos banheiros masculinos quanto femininos, e o de um fetichista, que falou da dificuldade de comprar roupas íntimas femininas. Aprendi muito com essa aproximação aos dramas cotidianos de uma variedade invisível de pessoas.

Também em Londres, após a morte de Michel, durante o verão de 1984, li no *Time Out*: "*If Aids bothers you, phone the Terrence Higgins Trust*". Eu não tinha a menor ideia do que poderiam ser suas atividades. Ora, tratava-se da primeira associação inglesa de luta contra a AIDS, de suporte aos doentes e de prevenção, criada a partir do modelo do Gay Men's Health Crisis (GMHC) de Nova York. Telefonei para eles e observei como funcionava o plantão telefônico: esse foi o modelo do plantão telefônico do *Aides*, que se tornou hoje o Sida-info-Service. Quando assisti às suas reuniões, havia sempre um buffet e *a nice cup of tea*. Esse ambiente era muito distante, profissionalmente falando, do ambiente militante que eu conhecia em Paris: os membros eram juízes, jornalistas da televisão, tabeliões... Mas o plantão telefônico, hospedado pelo ainda trabalhista Great London Council, enquanto Margareth Thatcher reinava sobre a política da saúde, estava instalado numa garagem bastante precária. Isso me inculcou a ideia de que a luta contra a AIDS não tinha saído ainda do esquerdismo. Foi apenas nos anos seguintes, descobrindo as associações americanas — o Shanti Project em São Francisco, em 1985; um pouco mais tarde o GMHC, cujos gigantescos escritórios pareciam do tamanho dos grandes serviços da Previdência Social na França — que compreendi o lugar que deveríamos ocupar.

No seu percurso político, no momento da chegada da esquerda ao poder, você já estava um pouco afastado?
Os esquerdistas não tinham um grande entusiasmo pela União da Esquerda. Além disso, nos acusavam de fazer o jogo da direita, por essa falta de entusiasmo. O fantasma das detenções circulava. Jamais dei crédito a isso. É certo que a aliança com os comunistas pró-soviéticos era problemática. Ela se desfazia e se refazia. Não se podia antecipar a facilidade com a qual Mitterrand os devoraria, mas a situação na União Soviética, que acredito que ninguém tenha verdadeiramente previsto, acelerou bastante o processo. Um responsável socialista ousou falar de "mudança de regime" como se fosse uma revolução, quando tratava-se de alternância democrática, que certamente demorou a chegar e foi por muito tempo aguardada, mas nada mais do que uma alternância num quadro parlamentar. Tendo de procurar mecenas para o *Aides* nos anos 1986–1989, tive de sair pelo mundo, onde descobri uma febre no mercado de ações digna do período de Luís Felipe. Pouco antes da chegada da esquerda ao poder, houve também a Polônia e

a infeliz reação de Claude Cheysson[11], o engajamento de Foucault e Bourdieu ao lado do Solidarność e da CFDT...[12] Tudo isso é conhecido. Foucault tornou-se tesoureiro do Solidarność exilado em Paris, justo quando sua saúde começava a se alterar.

Você fica irritado quando dizem que Mitterrand descriminalizou a homossexualidade?

Sim, porque a homossexualidade não era um crime na França. Seria uma despenalização? Mas, sob Mitterrand, Robert Badinter, Gaston Defferre e alguns outros mudaram a legislação que estabelecia uma desigualdade de tratamento entre um homossexual e um heterossexual no contexto das relações sexuais com menores. A maioridade legal não era, com efeito, a mesma quando se tratava do ato sexual. De fato, tratava-se da qualificação do ato sexual, mascarando a identificação sexual do indivíduo. Mas havia sobretudo uma polícia que controlava a vida dos homossexuais conhecidos. Era impossível ter um papel público ou político sem que imediatamente houvesse um relatório sobre a vida sexual da pessoa. Desde Vichy, houve um crescimento dessa desigualdade de tratamento, a partir do conceito vago de ultraje público ao pudor; falava-se até de "flagelo social" nos anos 1960. Esse controle policial sobre a vida dos indivíduos e dos lugares de encontro permitia todo tipo de chantagem e de pressão e, certamente, de extorsão. A supressão disso foi uma verdadeira liberação — liberação policial, e não liberação de uma natureza. No fundo, havia um uso político-policial da sexualidade que, penso, desapareceu hoje das práticas policiais, mas ainda não da opinião pública.

11. Após a instauração do estado de sítio na Polônia, Claude Cheysson, então Ministro das Relações Exteriores da França, declarou: "Trata-se de uma questão interna da Polônia."
12. Confederação Francesa Democrática do Trabalho. [N.T.]

O EVENTO FUNDADOR

Quando você ouviu falar da AIDS pela primeira vez?
Não sei exatamente a partir de que momento passei a ouvir nossos amigos americanos falarem disso, mas um relato em particular me marcou. Era o verão de 1982, em São Francisco, e eu dirigia um Fusca na ponte de Oakland, na direção de Berkeley. Eu levava um jovem antropólogo para jantar na casa de Paul Rabinow.[1] Ele fazia um estágio em Antropologia Médica no Hospital Geral de São Francisco — que se tornaria um dos grandes polos de tratamento e de gestão dessa epidemia — e foi chamado pelas enfermeiras para ver a nova doença. Quando ele entrou no quarto, viu uma massa se mexendo debaixo dos lençóis brancos. Ouvindo-o, pensei imediatamente no *Homem Elefante*. Disseram-me que era uma doença que mudava a morfologia do corpo. Ele mesmo, assim como eu, tinha visto o *Homem Elefante* e pensou a mesma coisa. Quando ele perguntou às enfermeiras se o paciente estava com dor, elas caíram no riso: "Não, ele está fazendo amor com seu companheiro." "E vocês deixam?", respondeu. "O que mais poderíamos propor?", disseram as enfermeiras. Foi a primeira vez que ouvi falar concretamente da AIDS. A total precariedade da medicina me tocou imediatamente. Restava o amor.

1. Antropólogo americano, autor, com Herbert Dreyfus, de *Michel Foucault: Uma trajetória filosófica*. Rio de Janeiro: Forense Universitária, s/d.

Em dezembro de 1983, um dos nossos amigos de Nova York, Mark Blasius, estudioso da política da homossexualidade e hoje professor nos *gay studies*, veio passar o Natal em Paris conosco. Michel estava muito cansado e tinhas suspeitas de que talvez fosse AIDS. Como, no telefone, Mark dizia que em Nova York só se falava disso, pedi-lhe ao chegar que não falasse no assunto. Mas, não lembrando da palavra inglesa AIDS, utilizei o acrônimo francês, "sida". Naturalmente, ele não me compreendeu e não parou de falar o tempo todo disso, sem reconhecer em Michel nenhum sinal da doença. Mark fazia parte do *Native*, um dos jornais gays que mais contribuiu em matéria de informação sobre a doença. Até o dia em que eles imaginaram que o vírus era uma fabricação da CIA para infestar os porcos cubanos.

Alguns anos mais tarde, Mark me contou que Michel lhe havia dito acreditar que estava com Aids, o que Mark se apressou a contar ao seu camarada Guy Hocquenghem, que no dia seguinte, em tom jubilatório, havia telefonado a Foucault: "Então, parece que tu a tens?" Eu me pergunto se esse júbilo não foi o golpe que determinou o silêncio no qual Foucault se fechou até o fim.

Antes de Michel Foucault, você não sabia de nenhuma pessoa próxima ou conhecido que tivesse sido infectado?

Os que morriam de Aids ou que estavam doentes eram protegidos pela maior discrição. Não se conhecia absolutamente ninguém que estivesse doente. Eu não sabia nem como a AIDS poderia ser reconhecida, nem como era transmitida. A imprensa francesa falava relativamente pouco a respeito naquela época.

Em 1982-1983, ainda não se tinha consciência da AIDS na França?

Eu não sabia de nada, mas pensava que essa doença realmente existia. Não estávamos em estado de denegação. Em 1984, a hipótese viral era admitida na grande imprensa. Em todo caso, os médicos me evocaram outros fatores etiológicos possíveis: a acumulação de esperma, os *poppers*, [2] a noção de "grupo de risco", que parecia implicar, para alguns, na ideia de predisposição. É provável que Foucault tenha se informado a respeito nos Estados Unidos. Houve, é claro, a frase à qual Hervé Guibert se referiu em seu livro sem compreendê-la. Foucault lhe teria dito: "um câncer gay, isso seria lindo demais". Efetivamente, se uma desorganização celular atingisse apenas os homossexuais, que melhor demonstração teríamos do caráter genético ou natural da homossexualidade? O que poderia dizer a Igreja? Pivot[3] se apropriou maldosamente desta frase, sem entender mais que Guibert de epistemologia médica.

Um interno havia evocado inabilmente a AIDS dois dias antes da morte de Foucault, e nós falamos disso com muita liberdade. Eu mesmo lhe disse: "Será que a *História da sexualidade* é o seu equivalente das *Flores do mal*?" Rimos juntos disso. Se a doença se prolongasse e fosse divulgada — mas os médicos eram bem prudentes em relação a uma palavra definitiva —, nós teríamos, sem dúvida, discutido juntos o que fazer diante dessa doença. Mas não tivemos tempo. Então, o hospital me telefona, pudicamente, evocando um "súbito agravamento do estado" e, quando chego lá, pedem que eu apresente a certidão de nascimento de Foucault. A atendente encarregada me diz: "É preciso se apressar em tornar a situação pública. Faz oito dias que sou importunada

2. Considerada a droga gay, trata-se de um produto químico que inalado provoca euforia e relaxamento muscular, facilitando as relações anais. [N.T.]

3. Bernard Pivot, jornalista, entrevistador e apresentador de programas culturais na televisão francesa. [N.T.]

por jornalistas do mundo inteiro para saber se é AIDS". Eu sabia que a pergunta circulava, ainda assim me surpreendeu. Como a irmã de Foucault já estava a caminho de Poitiers para dar a notícia a sua mãe, pedi à pessoa encarregada de receber a certidão de adiar o anúncio público até às 17 horas, para evitar que ela ficasse sabendo da notícia pelo rádio. E que Denys, irmão de Foucault, que era cirurgião e o tinha acompanhado durante todo o período da hospitalização, pudesse vir comigo preencher as formalidades.

Quando voltei, às 17 horas, com Denys Foucault e o médico que havia tratado de Michel, encontrei um formulário preenchido com a minha letra. Era o formulário da hospitalização. Não me senti indiscreto ao pegá-lo, e descobri: "Causa do falecimento: AIDS". Foi assim que fiquei sabendo. Da minha experiência no INSERM, retive que as causas de falecimento faziam parte do segredo médico, e fiquei um pouco surpreso. A família Foucault era uma família de médicos, muito respeitosa do segredo médico. Não obstante, havíamos combinado que, naquelas circunstâncias, poderia haver um comunicado conjunto da família e dos médicos que, sem referir-se ao nome da doença, fosse suficientemente explícito. Mas é verdade que, desde esse instante, fiquei dividido entre o respeito ao segredo médico, que apenas o paciente pode quebrar, e a certeza de que, juntos, Foucault e eu teríamos feito disso um problema político.

Você foi confrontado, pessoalmente, com a mentira médica.
Sim, duas vezes. No Pitié-Salpêtrière, eu tinha interrogado o médico que acompanhava Foucault desde dezembro de 1983 no Hospital Tarnier — fiquei sabendo, mais tarde, que esse foi o primeiro médico a ter diagnosticado, com Willy Rosenbaum, um

sarcoma de Kaposi[4] na França, no contexto da epidemia — para saber se era AIDS. "Se fosse isso, eu o teria examinado", respondeu, perturbando Foucault profundamente. Em seguida, quando descobri o diagnóstico na sala da certidão de nascimento, esse mesmo médico me disse: "Não tenha medo, vamos apagar esse diagnóstico." É verdade que o diagnóstico me embaraçava, pelo seu nome — não era fácil carregá-lo —, pelo risco que ele representava para mim, que nada sabia acerca da transmissão, e por não poder aceitar que ele fosse apagado, como um escândalo social. Isso não estava de acordo com a vida militante que tínhamos vivido juntos.

Em outra ocasião, disse a Foucault que não podia criar o que fosse usando seu nome, mas eu não podia deixar de fazer algo nessa situação. Fiquei muito aliviado quando, alguns meses mais tarde, sua mãe, depois que toda a família tinha guardado o maior silêncio sobre o diagnóstico, assistindo discretamente ao mesmo tempo que eu uma entrevista do professor Roberto Gallo[5] na televisão, me disse de chofre: "É bom isso que você fez pelos doentes. Era preciso fazer isso, por ele."

Você fez o teste em setembro de 1984, já havia então o teste. O teste era, na época, completamente artesanal. Havia apenas um lugar oficial em Paris onde realizavam duas vezes por semana as coletas de sangue: o Pitié-Salpêtrière, no serviço do professor Gentilini. A parte biológica era assegurada pelo Hospital Claude

4. O sarcoma de Kaposi é uma doença ligada à infecção por herpesvírus humano 8 (HHV8) que causa, sobretudo, tumores cutâneos. A doença se desenvolve particularmente nas pessoas imunodeprimidas, coinfectadas pelo HIV e o HHV8.
5. Robert Gallo, descobridor da família dos retrovírus ou HTLV (vírus linfotrópico da célula T humana), em 1981, pretendia ter descoberto o vírus da AIDS, que de fato foi isolado no Instituto Pasteur em janeiro de 1983. Um processo estrondoso restabeleceu as precedências.

Bernard. Demorei quase dois meses para obter os resultados. Em fevereiro de 1985, voluntários do *Aides* doaram sangue para calibrar o que viria ser o teste Elisa do Instituto Pasteur e que seria industrializado em junho.

Após a morte de Foucault, você disse a si mesmo que iria fazer algo a respeito disso?

Logo depois. Tínhamos fundado o GIP juntos. Tínhamos um passado de militância, de ações comuns. Uma maneira de permanecer com ele era fazer novamente o que havíamos feito: agir juntos. Assim se deu meu luto.

Falei imediatamente sobre isso com Hervé Guibert e seu amigo Hans George Berger. Encontrei-os na ilha de Elba logo após o falecimento de Michel. Disse que queria fazer uma associação voltada para o direito dos doentes à verdade, o que era meu primeiro projeto. Não era aceitável para mim que alguém morresse nessa idade de uma doença que os médicos conheciam e que o doente não conhecia. Achava que isso os despojava de sua morte e de suas decisões. Hervé foi muito refratário, enquanto Hans Georg achava que era necessário.

Jean-Paul Escande, chefe do serviço do Hospital Tarnier, insistiu bastante no fato de que Foucault jamais tinha solicitado um diagnóstico, que a única questão que o assombrava era saber quanto tempo lhe restava para terminar seu trabalho. A decisão tomada pela equipe médica estava inteiramente de acordo com essa demanda: permitir-lhe trabalhar com a maior serenidade possível. Além disso, o primeiro tratamento com Bactrin, em janeiro de 1984, havia sido eficaz. Foucault então concluiu, como ele escreveu a Maurice Pinguet, que não se tratava de AIDS. Ele pôde terminar e publicar seus dois volumes da *História da*

Sexualidade — o último volume lhe chegou no hospital — e assegurar seu curso no Collège de France. Foi no limite de suas forças que ele voltou ao hospital três semanas antes de sua morte.

Retrospectivamente, em relação à história da AIDS, a atitude da família de Foucault, do seu ponto de vista, não foi de todo representativa das situações de exclusão, de não reconhecimento, vivenciadas por outros.
Efetivamente. Sua família tinha as mesmas exigências morais de Foucault e respeitou, escrupulosamente, suas vontades.

Era evidente para você que era necessário fazer alguma coisa logo após a morte de Foucault?
Sim. Eu não queria que esse pretenso silêncio fosse utilizado. Jean-Paul Aron afirmou que ele, ao contrário de Foucault, pelo menos falava de sua AIDS. Isso se deu dois ou três anos após a morte de Foucault — em 1987, creio. Gilles Pialoux,[6] que assinava então como Pial, me perguntou no *Libération* o que eu pensava dessa confissão. Não pude me abster de dizer que são os culpados que confessam. Mas devo reconhecer que o testemunho de Jean-Paul Aron ajudou muitos doentes a negociar sua situação no seu meio social e familiar e com eles mesmos. Jean-Paul Baggioni, que já havia dialogado publicamente com Mitterrand na televisão, retrucou-me: "E agora, nós, que testemunhamos, ficamos como?" Mas ele não fazia uma confissão, sua mensagem era portadora de uma consciência coletiva: a dos soropositivos, uma categoria nova em 1987. Os centros de testagem anônima tinham sido instituídos. Até então, a mídia estava focada nos doentes e em seus sintomas espetaculares — a magreza dos prisioneiros de campos

6. O professor Gilles Pialoux esteve notadamente à frente das pesquisas de uma vacina contra a AIDS.

de concentração, os Kaposi, a encenação hospitalar, com roupas de astronauta etc. Ora, a realidade estatística, com a qual a sociedade tinha de se confrontar, era a soropositividade, a existência, da qual se esperava que fosse a mais longa possível, das pessoas portadoras do vírus. A entrevista de Baggioni impôs toda uma outra problemática. Não chamo de confissão uma fala coletiva.

Após a morte de Michel Foucault, você foi à ilha de Elba, em seguida à Inglaterra e, em setembro de 1984, você estava em Paris. Voltando de Londres, de navio, em setembro de 1984, tive um encontro extraordinário. Na fila de espera, cruzei com um belo rapaz americano. Dei um jeito de viajar ao lado dele e deixei-lhe meu cartão de visita. Chegando em casa, minha fechadura estava travada. Chamei, então, o chaveiro. Enquanto esperava no hall do prédio, o americano apareceu: os hotéis estavam lotados. O chaveiro chegou e conseguiu abrir a porta. O retrato de Michel, de Fromanger, se impunha diante de nós, maior do que era de fato. O chaveiro então exclamou: "É Foucault!" O chaveiro era, na verdade, buquinista, mas não estava ganhando muito bem e, para resolver o problema, tinha aprendido o ofício de chaveiro. De todo modo, fiquei tocado. O jovem americano me perguntou o que se passava. Expliquei-lhe que era o retrato do meu companheiro, um filósofo conhecido, que tinha morrido de AIDS. Ele me disse então que era voluntário no GMHC, historicamente a primeira associação de luta contra a AIDS, que tinha sido o modelo do Terrence Higgins Trust. Foi ele quem, um pouco mais tarde, me introduziu no GMHC, onde conheci todos os dirigentes e fundadores, todos falecidos agora.

Na época a AIDS não era tão marginalizada na Inglaterra quanto na França?
A existência de uma associação como a Terrence Higgins Trust permite pensar assim? Não sei. Em todo caso, diversos elementos permitem, talvez, responder a essa questão. De início, creio que havia na Inglaterra uma militância homossexual que, na França, desapareceu após 1981. Acerca desses anos, remeto ao livro de Frédéric Martel, *Le Rose et le Noir*.[7] Por outro lado, na Inglaterra, se Margareth Thatcher já tinha começado a desmantelar o sistema de saúde criado pelos Trabalhistas, ela teve muito medo dessa epidemia, o que deu espaço para uma resposta forte do ponto de vista do governo neoliberal. Este utilizava o medo como arma de prevenção, o que se fez de maneira muito espetacular e que foi confundido com uma resposta enérgica. Até o dia em que a administração da saúde se deu conta de que a epidemia não partia tanto das populações vulneráveis: homossexuais, toxicômanos e prostituídos. A forte implicação do debate cessou então, em parte, em nome do funcionamento normal dos serviços de saúde. Não se pode esquecer que a história da AIDS se desenrolava simultaneamente à chegada do neoliberalismo.

Além disso, me parece que a homossexualidade masculina inglesa é diferente da homossexualidade latina. Ela não está estruturada em torno do mesmo imaginário, notadamente o da penetração, que, segundo os próprios ingleses me diziam, era mais limitada em Londres. Uma erótica pedófila e o sadomasoquismo, provavelmente ligados ao sistema escolar, me pareciam ter ali muito mais importância. Logo, a epidemia se expandiu mais devagar naquele país.

7. Frédéric Martel, *Le Rose et le Noir. Les homosexuels en France depuis 1968*. Paris: Seuil, 1996.

Quanto aos toxicômanos, os ingleses têm uma tradição muito diferente da nossa em matéria de redução de riscos. A Inglaterra foi um dos primeiros países onde os médicos propuseram a heroína controlada a usuários que não podiam largá-la.

Durante essas semanas após a morte de Michel, você teve algum momento de dúvida?
Não. Eu tinha de fazer alguma coisa. Essa foi a minha homenagem.

PARA CONCLUIR

O que parece absolutamente surpreendente é a maneira com que você sempre se inscreveu no presente, a maneira com que o GIP se inscreveu no contexto da EP, embora de modo ligeiramente deslocado, como a luta em torno da AIDS foi hiper-contemporânea. Com a AIDS, falou-se de um conjunto de questões que hoje se tornaram centrais. Essa adequação ao presente não é evidente. Como fazer para que as pessoas que não estão diretamente implicadas nesse contexto se digam que essa é sua atualidade?

Was ist Aufklärung? Vocês conhecem o comentário de Foucault ao texto de Kant, *Qu'est-ce que les Lumières?*[1] Filosofar é se interrogar sobre nossa atualidade.

Você não quer retomar o fato de que você investiu completamente no presente? Como você se inscreve numa vida engajada?

É o presente que se inscreve em mim. Na época da guerra da Argélia, eu estava na idade de ser convocado. Eu não fui, mas meus melhores amigos foram. Logo, lutar contra a guerra da Argélia não era uma escolha intelectual abstrata, era minha geração, meu presente. Quanto às prisões, eu me engajei, quem fez o maio de 68 foi minha geração. Propuseram que me ocupasse dos presos políticos, eu me ocupei. Eu o propus a Foucault. É bem verdade

1. Michel Foucault, "Qu'est-ce que les Lumières ?". *Dits et écrits,* Tome II, Texte nº 339. Paris: Gallimard, 2001, p. 1381–1397. Em português, na edição dos *Ditos e escritos*, da Editora Forense-Universitária.

que isso se inscreveu no meu presente apesar de mim, quando descobri que todos esses detentos eram crianças abandonadas. Meu pai, pela metade, e minha mãe, completamente, eram órfãos.

No fundo, o que resulta disso tudo é: fazer política é reencontrar sua história.
Assumir sua história.

Lembro bem quando Michel Foucault me perguntou se eu queria ir ao Conselho Nacional da AIDS. Um dos meus primos, neurologista em Créteil, me disse: "AIDS... vai lá! Você não poderia pensar de outro jeito, mesmo. É o 68 da tua geração." Um 68 negativo. Havia aí uma questão de vida e essa vida é alguma coisa que não estava em outro lugar: identidades, maneiras de viver, invenções a valorizar.
Isso faz parte da mundialização.[2] Explico o tempo todo que isso tudo é indissociável do resto: da mundialização econômica, dos deslocamentos populacionais. Viajei muito por causa da luta contra a AIDS. Quando estávamos na Rússia, descobrimos que as pessoas que tinham AIDS eram as mais acolhedoras, as mais abertas aos estrangeiros. Em Angola, as mais afetadas pela AIDS eram as mulheres que tinham conhecido cubanos. Esses cubanos não foram repatriados para Cuba, eles ainda permaneceram muito tempo em Angola, porque sabiam que tinham AIDS. É semelhante ao que se passa nos campos africanos de pessoas ditas deslocadas pelas guerras africanas. Não ousam mais mudá-las de lugar, porque sabem que têm AIDS.

2. Por motivos teóricos e políticos, os franceses preferem o termo "mundialização" a "globalização". [N.T.]

O historiador Mirko Grmek mostra que os voos charters a preços baixos, a compra mundializada de órgãos humanos e de produtos sanguíneos, a imigração econômica, a miséria, tudo isso facilita a propagação do vírus.[3] É o que se vê na Rússia: as pessoas infectadas eram as que estavam em contato com o mundo, os artistas ou os atletas, as mulheres que falavam várias línguas e que encontravam os militantes comunistas do mundo inteiro.

Em 2006, fui convidado para ir a Moscou novamente, com você, Philippe Artières, e Yves Cohen, a fim de expor a experiência do GIP no Centro Sakharov, um emocionante lugar de memória do gulag — na Rússia, a questão das prisões é, infelizmente, sempre atual. Aproveitei para visitar a associação moscovita de luta contra a AIDS, a Info Plus, que nós, juntamente com Arnaud Marty-Lavauzelle, ajudamos a criar. Ao lado do prédio moderno que a abrigava, num bairro popular, observei em uma das fachadas envelhecidas, já descritas por Dostoiévski, que havia uma placa e uma data, 1917 ou um ano próximo — em todo caso, um período que me dizia algo. Consegui que a placa fosse traduzida. Era a antiga sede da Primeira Internacional Socialista. A ironia dessa vizinhança me fez sonhar. Com efeito, jamais dissociei a AIDS da mundialização. Hoje, até mesmo as modalidades de controle da epidemia dependem dela: a concentração de empresas farmacêuticas — que fixam o preço dos medicamentos —, a mundialização dos fundos monetários necessários para sua compra, a difusão, graças à Internet, dos tratamentos e das formas de mobilização para ter acesso a eles entre as associações de doentes espalhadas pelo mundo, enfim, a construção universal, a partir do modelo

3. Mirko Grmek, *Histoire du sida*. Paris: Payot, "Médicine et societé", 1989.

ocidental — ou, mais exatamente, americano — de uma subjetivação homossexual, de uma identificação universal com um modelo psicológico e político. Mas tudo passa, provavelmente também esse modelo. Entretanto, esperemos primeiro que passe a epidemia. Esta será a questão ainda de uma geração. Pelo menos.

TEXTOS
uma política para a AIDS

Os textos que compõem essa parte do livro foram selecionados pelos organizadores entre as múltiplas intervenções de Daniel Defert, com diferentes parcerias da Associação Aides (à exceção do primeiro, da época do GIP): médicos, Conselhos de Ordem, juristas, economistas, diretores de hospital, movimento gay, grande imprensa, congressos internacionais, igrejas.
Para a edição brasileira, foram escolhidos os textos que seguem.

QUANDO A INFORMAÇÃO É UMA LUTA*

Aparentemente, toda imprensa fala disso, diz a mesma coisa e do mesmo modo: as prisões francesas estão entre as piores do mundo — sujas, superlotadas. A revista *L'Express* o repete, após pesquisa, e depois passa a palavra a Pleven. Ora, quando o Grupo de Informações sobre as Prisões vai à porta de uma prisão distribuir seu questionário, discutir com as famílias dos detentos, são presos, conduzidos à delegacia, pagam uma multa. Mais que isso: um detento não tem, absolutamente, nenhum direito de falar sobre a prisão. Nem durante as visitas: o vigilante o interrompe; nem nas suas cartas: a censura impede. Mesmo para evocar o frio ou a comida. Divulgar "informações" como aquelas que o GIP pede em seu questionário é arriscar-se a ir para a solitária; é talvez arriscar a correcional. Há, certamente, uma informação aceita sobre as prisões, solicitada pelo poder: aquela que lhe permite esconder uma outra informação, vinda dos detentos e de um movimento que, desde a greve de fome de janeiro, ressoava no exterior, mas também no interior das prisões. O GIP inscreve sua ação nesse movimento.

*. Texto do GIP redigido, em parte, com Daniel Defert e publicado em *La cause du peuple. J'accuse*, em 25 de maio de 1971, p. 6–7., com o título geral "A prisão, lugar de um combate", incluindo um primeiro esboço acerca da situação na prisão central de Clairvaux, um segundo sobre Fleury-Mérogis e um terceiro, intitulado "Uma operação política", acerca do dossiê consagrado às prisões no *L'Express*, de 26 de abril–2 de maio de 1971.

Pesquisar e combater

a) O GIP não solicitou visitar ninguém, não se dirigiu à administração e não perguntou o ponto de vista desta.

Quem dá as informações são os detentos, respondendo a perguntas que eles mesmos elaboraram. Um primeiro questionário foi, de início, redigido com a ajuda de antigos detentos: ele foi modificado depois das primeiras respostas recebidas. Ele circula agora em muitos milhares de exemplares.

Isso quer dizer que as questões não são neutras, exteriores e imparciais. Trata-se daquilo que os próprios detentos querem saber, dito por eles mesmos. Trata-se de transferir para eles o direito e a possibilidade de falar das prisões. De dizer aquilo que eles são os únicos a poder dizer.

Os questionários foram propostos a todos aqueles que diziam "saber tudo sobre as prisões": os advogados que estão lá toda semana; os magistrados, que todo dia enviam detentos para lá; os agentes penitenciários, que ali passam a sua vida. Eles não conseguiram respondê-los. Prova conclusiva: eram perguntas de detentos endereçadas a detentos. Responder a elas é um ato de solidariedade, de luta contra a censura e o silêncio imposto pelas punições.

b) Essas perguntas falam menos da experiência dos detentos ou de sua miséria que de seus direitos. Direito a poder se defender contra os tribunais. Direito à informação, às visitas, ao correio. Direito à higiene e alimentação. Direito a um salário decente pelo trabalho realizado e direito, ao sair, de encontrar um trabalho. Direito a conservar sua família. Alguns desses direitos lhes foram reconhecidos com dificuldade e após muitas lutas (luta dos argelinos na

Previdência Social, de 1957 a 1961), mas que sempre são colocados em questão. Muitos ainda estão inteiramente por conquistar: lutas por vir. O questionário é uma maneira de declarar esses direitos e afirmar que se quer faze-los valer.

c) As respostas mostram: a luta dos detentos não é diferente, no fundo, daquelas que se travam na sociedade da qual eles são "excluídos".

— Eles trabalham oito ou dez horas por dia, por um salário miserável (muitas vezes menos de 1 franco por dia). Sobre isso, a administração ainda recolhe mais da metade.

— A prisão mantém, e às vezes reforça as diferenças através do dinheiro.

— O detento está preso — pés e mãos atados — no interior de uma hierarquia que o espreme 24 horas por dias. Ele é o problema e a vítima dos conflitos que opõem os pequenos chefes e a direção, os guardas e os oficiais.

— A prisão multiplica todas as coerções ideológicas do meio exterior. Respeito absoluto pelos chefes, obediência irrestrita, valor redentor do trabalho; chantagem por recompensa, por punição; dupla repressão da sexualidade, uma vez que o outro sexo é interdito e a homossexualidade punida.

d) Enfim, a própria pesquisa é uma luta. É assim que os detentos a percebem, quando fazem circular os questionários nas celas como panfletos, a despeito das ameaças e punições. Assim o entendem aqueles que correm grandes riscos, fazendo-os entrar e sair. Uma anedota apenas: a mãe de um rapaz, detido próximo a Paris, recebeu o questionário: por ser impossível dá-lo diretamente ao seu filho, uma que vez que é proibido falar da prisão durante a visita, ela o copiou por fragmentos em pedacinhos de papel. Durante a visita, quando o guarda virava as costas, ela lia rapidamente uma pergunta. À saída, anotava a resposta. A troca foi, recentemente, surpreendida pelo guarda: relatório; o rapaz deve ser encaminhado ao promotor. Mesmo assim, ele quis continuar; em dois meses, o questionário estava preenchido.

Dos grupos de luta

A luta contra o sistema penitenciário deve destruir, antes de tudo, as divisões que ele instaura e que lhe permitem subsistir: divisão hierárquica no interior da prisão e, no exterior, isolamento das famílias.

a) Contra este isolamento, o GIP formou grupos que ficam à porta das prisões e fazem contato com as famílias, que estão na fila esperando a hora da visita.

Se misturar na fila de espera, discutir, distribuir os questionários, não falar de si. Isso não é sociologia. A polícia está lá, comprimindo de perto a fila; os jovens são percebidos rapidamente como esquerdistas, a lembrança da greve de fome não se apagou. Inversamente, aceitar o questionário, falar em voz alta da prisão, antes ou depois da visita, participar das reuniões, não é um ato simples para as famílias dos detentos. É aceitar um agrupamento com pessoas que não têm parentes ou amigos na prisão; é aceitá-lo a despeito da barreira policial e das ameaças; é aceitá-lo a partir de uma base política, é um ato político. A partir daí, agrupamentos mais amplos se formam; famílias propõem fundar uma associação para a abolição dos antecedentes criminais; outras, decidiram formar um grupo que se ocupará dos problemas colocados pela detenção das mulheres presas e das mulheres dos presos.

b) Outros grupos lutam contra as divisões no interior das prisões. Um exemplo: aquele formado por médicos que trabalham em prisões ou de outros que, enojados, já deixaram a penitenciária, mesmo antigos detentos — entre os quais alguns trabalharam como auxiliares nas enfermarias. Desde a primeira reunião, os médicos disseram: "Não podemos cuidar e não apenas porque a administração impede que façamos nosso trabalho, mas porque esse trabalho nos coloca em colisão com ela. Compensar uma carência alimentar, dar um calmante para uma 'forte dor de cabeça', fazer uma infusão em alguém que está em greve de fome, dar um Valium a alguém que está em prisão preventiva há três anos, isso não é 'salvar um homem', é assegurar o bom funcionamento da detenção, é ajudá-la a continuar. Nós não podemos cuidar sem ficar do lado do policial." Vejamos: em torno de um ponto preciso — os cuidados médicos na prisão —, um agrupamento se forma. Grupos de advogados e detentos vão também se reunir. Os muros estão em vias de cair.

Contra o sistema penal

Não se deve crer que a prisão é um "buraco negro" isolado. De fato, o sistema penal, do qual a classe dirigente dispõe, é composto por três peças solidárias: polícia, justiça, prisão.

E a prisão não é a menos importante.

Ela é o instrumento privilegiado de uma justiça desigual.

a) Pelo tipo de delito que ela sanciona, ela ameaça, sobretudo, certas camadas da população (jovens, desempregados, imigrantes).

b) Seus efeitos são sentidos sobretudo pelo proletariado: supressão de um salário, da Previdência Social, custo das visitas, da cantina.

c) A prisão preventiva priva o detento de uma parte de seus meios de defesa (recursos financeiros reduzidos, contatos limitados com o advogado e com o exterior, esgotamento físico e moral ao fim de uma instrução processual que dura anos). Ora, quanto menos recursos e apoios, maior o risco do réu ir para a preventiva e sentir seus efeitos desastrosos.

d) Quando o detento sai da prisão com seu atestado de antecedentes, ele está condenado ao desemprego, aos empregos instáveis, onde é extremamente explorado.

Não há, de um lado, prisões vetustas que devam ser substituídas e, do outro, prisões eficazes, aperfeiçoadas, que devem ser multiplicadas. Existe A PRISÃO como função, peça maior do sistema penal, instrumento de uma opressão de classe. É contra esse sistema inteiro que o GIP chama ao agrupamento.

UM NOVO REFORMADOR SOCIAL: O DOENTE*

Até 1981 acreditávamos que, nas nossas sociedades, toda pessoa doente podia, a qualquer momento, se apresentar a todos: famílias, cuidadores, colegas de trabalho, igrejas, escolas, governantes, e receber de cada um a mesma atenção, os mesmos cuidados, a mesma solicitude.

Acreditávamos que se constituíra um espaço homogêneo em torno da doença, que ela precisava, unicamente, de um tratamento médico.

Com a AIDS, esse espaço social se fragmentou; a pessoa infectada pelo HIV, não concerne mais todo homem, não é mais portadora de símbolos universais. Acaso deveria sensibilizar apenas aqueles que partilham suas escolhas existenciais, sua idade, seus sentimentos, a vizinhança do risco?

É nessa fragmentação que os movimentos comunitários se organizaram; suas funções e seus serviços são igualmente analisadores das carências, dos atrasos e necessidades.

*. Comunicação na sessão plenária de 6 de junho de 1989, na V Conferência Internacional sobre a AIDS, em Montreal. Para esta conferência, Daniel Defert foi designado como porta-voz do conjunto das associações em luta contra a AIDS.

A ação comunitária recebeu seu primeiro modelo a partir de janeiro de 1982 com a fundação em Nova York do Gay Men's Health Crisis. Seguido depois, na maior parte das metrópoles dos países desenvolvidos, foi quase sempre uma iniciativa de homossexuais. Convém prestar homenagem ao papel especial desempenhado pelos médicos homossexuais. Essas jornadas nos têm ensinado que esse modo de intervenção se internacionalizou, de Soweto a Bangkok, mas em Cuba os soropositivos estão em quarentena.

Vindo da França, provavelmente não experimentei a violência ilimitada da discriminação, a injustiça no custo do tratamento (o AZT está atualmente a cargo do Estado, e os hospitais não têm fins lucrativos), a indiferença governamental enfrentada desigualmente pelas pessoas atingidas pelo HIV e pela AIDS através do mundo todo.

Contudo, tendo iniciado, em 1984, em Paris, uma organização não governamental de ajuda mútua e informação, a *Aides*, o que quer dizer "apoio", implantada hoje em todo o território nacional, eu me autorizo a partir de uma experiência coletiva, mas também de instrumentos de análise das instituições médicas, do corpo e da sexualidade, instrumentos amplamente partilhados pelo mundo, legados pelo filósofo Michel Foucault, meu companheiro, em cuja memória fundei essa organização.

Não farei o relato da amargura, justificado pelas recusas ou pelas discriminações, pois após tantos anos, tantos esforços, é tempo de inventariar os pontos exemplares, nos quais a ação das pessoas atingidas no interior de suas organizações comunitárias modificou o seu entorno.

De início, nosso entorno começa em nós, em nosso corpo por ele tomado. Ora, o HIV, no limite, cliva o corpo em corpos fisiologicamente ameaçados e corpos socialmente ameaçadores, pelas "feridas e obuses", escreve Alain-Emmanuel Dreuilhe, na autobiografia de seu combate contra o vírus.

Duas semiologias, uma médica e uma social, duas formas de medo que dividem o corpo. "Eu sou um outro", ouvia-se regularmente nos grupos de apoio.

Permitir encontrar em si mesmo um ponto de apoio, uma familiaridade de si a si, quando o corpo e o laço social se furtam, é uma das primeiras funções comunitárias e das mais complexas.

Ao produzir rapidamente a noção de sexualidade sem risco ou *safer sex*, a ação comunitária inventou uma noção cuja significação filosófica ultrapassa a eficácia preventiva nela reconhecida.

Nela se atam o elã vital do desejo e um repertório de condutas que a integram socialmente. Nossas estratégias educativas, todas derivadas desse conceito, não foram ainda exploradas em toda sua força. A concepção ocidental de sexualidade, ligada à procriação, dela se dissociou assim oficialmente, e o prazer dos doentes que nós amamos por seu sofrimento é levado em conta: eis aí noções que reviram nossas referências sociais e morais tradicionais.

A instituição médica estabelece com os pacientes uma proximidade específica e uma violência específica pela disciplina de sua organização, suas técnicas de investigação, o limite de suas possibilidades relacionais e terapêuticas. E essa violência foi preciso reduzir.

Modificação da relação médico-paciente.

Isolarei alguns casos exemplares.

A testagem.

Em 1985, tornou-se tecnicamente possível testar as doações de sangue. O corpo médico se interrogou acerca da justificativa em informar aos doadores de sangue, sua sorologia.

Escolheu-se informar para erradicar a epidemia. A instituição temia que um doador pudesse um dia processar um banco de sangue por não lhe ter informado do risco de que ele era portador.

Entre uma técnica médica que permite conhecer e esconder um diagnóstico e uma abordagem jurídica, que tem a obrigação de informar o sujeito soropositivo, porque ele é responsável pela saúde dos outros, a pressão comunitária impôs levar em conta a identidade psicológica do indivíduo, sua capacidade de receber um diagnóstico, de geri-lo ao longo do tempo, de garantir que ele não sofrerá discriminações sociais.

A ação comunitária confirmava uma inclinação do direito contemporâneo: o sujeito jurídico e o sujeito psicológico são igualmente valorizados na construção da identidade social.

No século XIX, não se hesitava em solicitar aos portadores de doenças contagiosas que denunciassem seus parceiros. Um estado moderno hoje não está mais autorizado tão facilmente a impor qualquer coisa de ordem privada a um indivíduo. A pressão comunitária contribuiu para a abertura de centros de testagem anônimos e gratuitos. A noção de testagem se deslocava das expectativas securitárias frequentemente míticas das sociedades, rumo à capacidade do indivíduo em afrontar um ato médico, sem perspectiva terapêutica imediata. Certamente, testagens à revelia são praticadas. Mas essas práticas silenciosas não se inscrevem mais na relação que a sociedade entretém oficialmente com os pacientes.

Quatro elementos que estruturam a relação médico/paciente foram revertidos: a posição da morte, a revelação da intimidade da vida intensificando a relação emocional, enquanto a partilha do saber médico, a inserção do médico numa rede de colegas médicos, por causa da variação das manifestações e das terapêuticas, relativizaram a relação técnica.

A relação clínica deve apoiar-se o tempo todo numa relação de fala e de escuta. O médico deve conhecer as representações que o paciente se faz de sua doença para saber o grau de aceitação e de fidelidade à estratégia terapêutica proposta. Nesse campo, no qual o paciente é sem cessar reenviado a outros doentes, a relação médico/doente é ainda esse colóquio singular do humanismo médico? Ela se descentra rumo à autonomia do paciente, rumo ao seu livre arbítrio. Essas quatro transformações fazem com que a prática médica seja muito menos normativa hoje e se deixe mais facilmente concorrer com outras perspectivas.

Transformações da organização hospitalar

Esses elementos também modificam as relações do paciente com a equipe hospitalar. A força simbólica do diagnóstico, que todo paciente conhece, intensifica suas relações emocionais com o conjunto da equipe, fora da hierarquia profissional. Uma enfermeira me confidenciou: "Em dois anos, a irrupção da AIDS modificou a hierarquia da equipe hospitalar tanto quanto o maio de 68." Nos congressos precedentes, pesquisas no meio hospitalar testemunharam uma rarefação do tempo passado nos quartos e nos contatos físicos. Hoje, ao contrário, tudo se passa como se a equipe de cuidadores decifrasse, por meio das necessidades dos pacientes e dos dispositivos comunitários instaurados, suas próprias necessidades de exprimir suas angústias, suas emoções, seus lutos profissionais. Essa equipe formula a mesma demanda de escuta e de informação que os pacientes.

A própria organização hospitalar é obrigada a introduzir no seu recinto e na sua disciplina os ritmos da vida econômica dos pacientes, se ela não quiser aumentar sua exclusão profissional.

São oferecidas consultas à noite, a articulação dos médicos hospitalares com os da cidade se intensifica, para facilitar o acompanhamento médico, sem colidir com os ritmos da vida social.

As sociedades modernas delegaram à medicina uma total soberania sobre a morte, tratada como uma doença. Espetado de tubos, o paciente se apaga fisiologicamente, pouco a pouco, no meio de uma equipe médica que substituiu a comunidade social. No contexto da AIDS, onde a morte não é apenas há muito anunciada, mas também acompanhada, um número crescente de pacientes prefere morrer em casa, cercados de amigos. A qualidade relacional da vida, nos seus últimos instantes, é mais valorizada que sua longevidade assistida. Os rituais fúnebres são frequentemente divididos em dois: uma cerimônia familiar, em torno de um falecimento sem causa, e uma cerimônia de amigos, onde as escolhas de vida são afirmadas. O luto perdeu sua visibilidade social. Ainda mais censuradas são as lágrimas derramadas por um amante homossexual ou uma criança toxicômana...

Esses lutos tendem a ser ressocializados no interior das organizações comunitárias, que propõem um apoio, como se uma sociedade que censurava demasiadamente as emoções se julgasse ela mesma patógena. Certamente, todas essas novas atitudes concernentes ao morrer apareceram sob a pressão de um meio paramédico, dos quais se pode destacar etapas como *The Meaning of Death*, de H. Feifel, em 1959, ou *On Death and Dying*, de Elizabeth Kubler-Ross, em 1969. Essa ação das ciências humanas em relação à medicina foi consideravelmente substituída e amplificada pela ação comunitária.

A partilha e o controle do saber médico

Talvez a irrupção mais radical das pessoas infectadas pelo HIV para controlar o seu entorno seja a apropriação do saber médico. Uma literatura cada vez mais frequente, redigida com pacientes e destinada aos pacientes e aos médicos, os mantêm informados dos tratamentos convencionais e dos alternativos. A circulação internacional das pessoas em tratamento para inventariar a farmacopeia tornou-se uma das formas de viagem científica que requer a liberdade. Em Paris, as organizações insistiram no reforço das garantias de confidencialidade das pesquisas epidemiológicas.

Microbiologistas, clínicos e voluntários se organizam para experimentar moléculas fora das coerções e normas administrativas dos profissionais e das empresas. Lembremos que a autorização para a distribuição no mercado do Retrovir ainda na fase II foi o resultado da pressão emocional dos doentes e de suas organizações. Aqui, já entramos numa crise dos experimentos terapêuticos. Ora, maus experimentos podem colocar em perigo o futuro dos doentes. A urgência do tempo torna cada vez mais intoleráveis para os pacientes as experiências demasiado longas de controle com placebo. Sobretudo nos casos em que esses experimentos são condições obrigatórias para se ter acesso aos cuidados.

Seria totalmente irrealista elaborar novas metodologias de avaliação das modificações atualmente mensuradas pelo placebo? E se essa última metodologia é verdadeiramente incontornável, não se deveria associar claramente os pacientes ao trabalho científico, a fim de provar por completo que não são os interesses econômicos de empresas, de profissionais ou do país que se opõem à extensão dos experimentos clínicos? A ética não é apenas uma questão interna à metodologia, ela se tornou internacionalmente uma questão de transparência.

De fato, a instituição cuidadora, os cuidadores e doentes sentem o contragolpe de uma evolução estrutural de nosso sistema de cuidados. A história do hospital moderno é a de uma dissociação crescente das funções de assistência e das funções terapêuticas. A função terapêutica tornou-se exclusiva, progressivamente taylorizada em atos médicos especializados, neutralizando toda avaliação global do indivíduo. A medicina tornou-se uma das formas mais avançadas da tecnologia. Ora, se estamos conseguindo reduzir o tempo necessário ao cumprimento dos atos técnicos, não se chegou a reduzir o tempo das atividades relacionais. Por essa razão, essas atividades relacionais saíram progressivamente da esfera do hospital. Algumas vezes, elas são reintroduzidas sob a forma de uma relação técnica assegurada por um psicoterapeuta ou abondonada à benevolência. De fato, como analisou Michel Foucault, o sistema médico moderno só pôde se desenvolver com um ponto de apoio exterior, a família. Ora, a especificidade dessa epidemia foi a de atingir as pessoas nas suas relações familiares. A auto-organização dos pacientes, substituta do meio familiar, ganhou assim toda sua significação.

Os movimentos comunitários, no interior dos quais as pessoas infectadas pelo HIV se organizaram, tiveram de introduzir a vida relacional na estrutura dos cuidados, coletar fundos para assegurar a alimentação e o alojamento daqueles que não encontraram algum asilo, pois os jovens se tornaram em nossas sociedades a categoria menos protegida socialmente. As pessoas afetadas se tornaram os educadores dos médicos, paramédicos, dos trabalhadores sociais, educativos. Seus testemunhos transmitidos pelos meios de comunicação se tornaram uma fonte essencial de nossa experiência coletiva desta doença. Sua função tornou-se cada dia mais política.

Transformação da relação da sociedade com a doença

Por um longo processo que começou há dois séculos, era o médico quem estava associado a todas as reformas sociais. Ele pensou a arquitetura e a hierarquia dos hospitais, o saneamento das cidades, o crescimento demográfico, a higiene industrial, a conscrição militar. O novo revelador das necessidades, das urgências médicas e sociais, é hoje a pessoa atingida pelo HIV e pela AIDS. Mediador entre as correntes sociais subterrâneas e a instituição dos cuidados — instituição das mais centrais em nossas sociedades — ele desloca as afecções, as expertises que separam a saúde e a doença, a vida e a morte, o pluralismo da vida privada e o direito à solidariedade. Ele não faz comunicar apenas pauperismo e saúde como no século XIX, mas liberdade e saúde. Ele se torna um novo reformador social.

A própria palavra doente se tornou problemática, técnica e socialmente. Tecnicamente, quem está doente? A pessoa que pertence ao grupo IV, ao III, ao II, ao I da classificação do CDC? A pessoa que, sem sintomas, recebe uma proposta de cobertura medicamentosa? Os movimentos americanos muito cedo se opuseram a esse termo, constituindo na relação com o médico uma expressão comunitária onde sua confrontação pessoal com a AIDS tinha sido prioritariamente designada "pessoa vivendo com a Aids", PWA (*People With Aids*), termo que traduz uma mobilização e esforços consideráveis.

Por todas essas transformações, as pessoas atingidas pela AIDS não estariam em vias de inscrever seus esforços num querer onde nós todos somos capazes de nos reconhecer? Não estariam em vias de recompor uma figura aceitável e apoiada por todos, portadora do universal? Até aqui, o doente era uma figura da dor, na qual o mundo cristão por longo tempo reconheceu o reflexo de seu deus agonizando. Não é isso que muda?

Entretanto, dois limites nessa linha oscilante se perfilam:
— um vem do próprio movimento da epidemia;
— outro, da lógica da intervenção dos Estados.

O futuro da ação comunitária

De início, não há uma, mas inúmeras epidemias, um pouco defasadas no tempo, que não se diferenciam apenas pelos modos de transmissão, mas pelas condições sanitárias, pelos recursos econômicos, culturais, médicos, políticos, disponíveis para erradicá-las.

Ora, uma organização comunitária se constitui em torno de três elementos: um elemento sociológico, um elemento geográfico, um elemento político.

1. *Um elemento sociológico*

A mobilização de pessoas, benévolas em sua maioria, próximas por seu estilo de vida, sua geração, cultura, origem social ou étnica, pessoas demandando seus serviços.

Além de certo limiar de marginalização, a vontade de se associar não pode se constituir. A criminalização da homossexualidade, aquela da toxicomania e da prostituição, os torna inacessíveis a essa expressão.

2. *Um elemento geográfico*

A proximidade da oferta e da procura assegura a otimização dos serviços comunitários. Eles dependem, pois, dos recursos humanos disponíveis em cada território: organizações de mulheres, trabalhadores sociais ou paramédicos, grupos religiosos, grupos militantes já ligados a outras formas de sobrevivência.

3. *Um elemento político*

A direção política de uma organização comunitária está sob o controle das pessoas que reclamam seus serviços. O que as distingue radicalmente dos organismos de assistência. Todos os recursos humanos disponíveis estão abertos a aceitar ou partilhar a liderança com aqueles que sempre foram legalmente, economicamente, excluídos? Ora, é o controle de sua vida que lhe dá sentido e, segundo nossa experiência, é ele que parece prolongá-la...

Quanto à lógica da intervenção dos Estados, ela consiste em se endereçar ao indivíduo na sua abstração jurídica, à família na sua individualidade moral e demográfica e à sociedade em geral.

Eis uma rede de malhas largas demais para apreender essas figuras regionais da epidemia que nos preocupam: poucos Estados ousaram reconhecer os grupos que tinham necessidade deles, de dotá-los rapidamente, desde os primeiros anos da epidemia, de meios importantes de informação, de organização e de profilaxia. Isso poderia, sem dúvida, manchar a imagem do poder do Estado.

Hoje, ao contrário, é evidente a credibilidade dos Estados ao manifestarem seu cuidado em relação à AIDS, ao menos na fração da sociedade que possui os meios legítimos de sancioná-lo.

Como os Estados vão saber articular o cuidado com sua imagem e sua responsabilidade em relação às diferentes regiões das sociedades onde hoje o vírus penetra? A ideia de que os Estados têm de sua imagem, com efeito e infelizmente, faz parte do entorno que cerca as pessoas infectadas. Que economista calculará, um dia, quantas vidas humanas esse cuidado valorizou?

EPIDEMIAS E DEMOCRACIA*

A história do controle das doenças infecciosas é também a das medidas coercitivas, tanto para as populações em geral quanto para os doentes e os médicos, medidas restritivas das liberdades individuais em nome da saúde da coletividade.[1] Raramente procurou-se medir o impacto próprio de cada uma dessas medidas na história da erradicação das grandes epidemias, no entanto, a ideia de recorrer à medicalização autoritária ressurge antes mesmo do exame preciso dos dados próprios da doença a conter. Há, para isso razões extramédicas. É que, de fato, as grandes epidemias, cujo relato assombra nossa memória ou nosso imaginário, cristalizaram e veicularam sonhos políticos.

Se examinarmos o detalhe dos regulamentos, das práticas, dos discursos, dos dispositivos arquitetônicos que, a cada vez, organizaram as relações dos doentes com os não doentes, dos doentes entre si e dos doentes com os cuidadores, veremos que o que estava sendo implantado eram programas genéricos de controle dos indivíduos, cujo princípio extrapolava o caso de uma transmissão patógena precisa. Esses programas se apresentavam mais como a forma de ordem social capaz de conter a pobreza, a loucura, a mistura das raças, a dissidência, figuras históricas e políticas da periculosidade.

*. Texto publicado em *Actions et recherches sociales*, dossier "Sida et société", n. 3, setembro 1988, p. 115–121.

1. Extraído da resenha da reunião organizada para a Fundação Mérieux à Veyrier-du-Lac, Annecy, em 20 e 21 de junho de 1987, sobre o tema "AIDS: epidemias e sociedades".

Diante da lepra, o exílio e o enclausuramento organizaram a separação entre leprosos e não leprosos. A peste foi acompanhada de diversos níveis de esquadrinhamento que confinaram as populações urbanas em suas cidades, nos seus bairros, nas suas casas. Os habitantes eram convocados o aparecer nas janelas, de onde se fazia o recenseamento dos vivos, dos doentes e dos mortos.[2]

A luta contra a varíola promoveu, na virada do século XVIII, uma das primeiras políticas científicas, inspirada na filosofia das Luzes, universalista, obrigatória, na qual a medicina mobilizava os chefes de Estado a dar o exemplo, se fazendo inocular a vacina, mesmo quando a classe política e a alta administração resistiam a ver a ação pública invadir a esfera da saúde, ainda percebida como esfera privada. O Primeiro Cônsul considerava vexatória a obrigatoriedade da vacina para todos.[3] A saúde ainda dependia dos chefes de famílias. Mas, em torno dessa figura jurídica, se implantava um complexo família medicalizada-medicalizante, instância de medicalização dos indivíduos desde a infância.

Nos anos 1930, a instauração de medidas profiláticas nas fronteiras entre os Estados e antes do casamento dos cidadãos, em relação à sífilis e à sífilis congênita não está dissociada de um sonho político eugenista. Isto para lembrar que a gestão de uma epidemia não responde apenas às restrições do bem público e da redução do contágio, mas se apresenta bem mais amplamente como um programa de gestão da sociedade. Tal programa pode — e deve — certamente ser abordado a partir de uma conformidade de seus regulamentos ao quadro constitucional fundamental de um Estado e de seu respeito aos direitos humanos, mas esta vigilância jurídica não esgota seu sentido ou seus efeitos.

2. Michel Foucault, *Surveiller et punir*, Paris, Gallimard, 1976 [ed. bras.: *Vigiar e punir*. Petrópolis: Vozes, 2014].

3. Yves-Marie Bercé, *Le Chaudron et la Lancette*. Paris: Presses de la Renaissance, 1984.

De início, tais programas são introduzidos por grupos sociais. Toda epidemia vê a intervenção de múltiplos atores: as forças técnicas da pesquisa e do cuidado; as forças distintas e historicamente variadas da assistência e da cobertura social; os Estados, certamente; e as pessoas e os grupos que querem exercer em parte ou totalmente o poder do Estado. Mas, no curso de toda epidemia, um grupo pensa e gere, com maior ou menor hegemonia, as medidas médicas e sociais a serem tomadas para contê-la. Diante da AIDS, propostas contraditórias são enunciadas pelos diversos atores mencionados e em condições de influenciar esta resultante chamada saúde pública.

Hoje, que sonho político já se inscreve na gestão desta epidemia? Qual é o ator social portador deste sonho? Para responder a essa investigação, é necessário interrogar, de início, aqueles que, no próprio terreno, pesquisadores e clínicos, definem o discurso científico que normatiza, no sentido de Kuhn,[4] as pesquisas e os ensinamentos que constituem "os especialistas em AIDS" da comunidade.

Essa ciência normal — no sentido kuhniano — se elabora e se manifesta por meio de determinadas revistas médicas, mas também por ocasião dos congressos internacionais, notadamente no último, em Washington, no qual apareceu um consenso tanto entre as pesquisas em microbiologia, a clínica e a terapêutica, como as relativas a abordagens psicológicas, jurídicas e éticas de certos momentos-chave da história da infecção dos indivíduos pelo HIV. No consenso internacional sobre dados técnicos — que não foi imediato — se encontraram outros atores além dos microbiologistas e clínicos, a saber juristas, especialistas em Ética, representantes de associações de prevenção, de ajuda aos doentes, de

4. Thomas S. Kuhn, *La Structure des révolutions scientifiques*. Paris: Flammarion, 1972 (1962).

doentes ou de defesa dos direitos humanos, associações que frequentemente deram início a uma parte do discurso social sobre essa doença e numerosos representantes da imprensa, que vivem também essas questões e as tornam conhecidas; aliás, todas categorias representadas hoje, nesta assembleia. Pode-se descrever a comunidade produtora do discurso médico — mas também social — dominante sobre a AIDS.

Seu discurso é reconhecido como o discurso técnico legitimado sobre a AIDS. Mas ele extrapola o enquadre de uma simples tecnicidade. Para esta comunidade — fora das condições muito circunscritas da contaminação por transfusão ou pela implantação orgânica ou celular, e da contaminação por agulhas e seringas que pode ocorrer durante os atos médicos em países de penúria material, notadamente na África e no Haiti, situações que são da responsabilidade jurídica das autoridades médicas —, a transmissão do HIV é o efeito dos comportamentos privados que, de fato e de direito, escapam à intervenção pública e podem ser qualificados, grosso modo, de comportamentos de consentimento mútuo.

Como atualmente não existem medidas médicas diretas, terapêuticas ou vacinais para sustar a contaminação, para essa comunidade de especialistas a prevenção passa, então, pela modificação desses comportamentos privados. Essa modificação requer a cooperação voluntária dos indivíduos, cooperação à qual se espera aceder empregando técnicas de motivação por escolhas alternativas, desenvolvidas pelo marketing econômico e que chamam, neste caso, de marketing social. Trata-se, provavelmente, da primeira situação epidêmica que se espera gerir dessa maneira. É evidente que os dados técnicos, sobre os quais se apoiam os promotores de um tal programa de gestão, são essenciais, mas não se dá conta deles apenas por sua aceitabilidade, tanto pela comunidade médica quanto pelos setores importantes do público. Entre outros elementos que intervêm, poderíamos citar:

— a valorização da vida privada, hoje, em nossas sociedades;

— o lugar particular que ocupa a sexualidade nos países desenvolvidos e a imagem de si daí resultante para o grupo social que interfere nesse domínio da vida ao mesmo tempo privado e político;

— que, desde o século XVIII, os governos se deram como objetivo a gestão da vida dos indivíduos e dos povos — biologia e demografia –e, confrontados com uma doença cujo horizonte mais provável é, hoje ainda, a morte, esses mesmos governos devolvem provisoriamente ao indivíduo sua margem de iniciativa;

— a dificuldade de implantar pela autoridade e pelo terror, por meio de marketing social, as estratégias de prevenção contra o tabaco ou os acidentes rodoviários;

— o desaparecimento em nossas sociedades das principais doenças infecciosas em proveito de doenças degenerativas, que mobilizam, há mais de vinte anos, as energias dos indivíduos para impor exercícios e regimes como uma nova ética. De qualquer modo, os estudos selecionados e apresentados nos congessos internacionais sobre a AIDS e que dão o tom das abordagens preventivas abordam nitidamente os comportamentos sexuais como fenômenos de consumo, fora das classificações da psicologia e da psicopatologia; estamos, resolutamente, na era pós-Kinsey. Os comportamentos são decompostos em variáveis independentes e mensuráveis: o número de parceiros, o tipo de parceiro, a frequência de cada ato erótico, o uso ou não de preservativo, a representação do risco atribuído a cada prática. Isso permite construir um index do risco sexual e isolar os parâmetros independentes para, num programa educativo, privilegiar os comportamentos alternativos.

O estudo da motivação para ser testado e querer os resultados do teste permite saber se os indivíduos que aceitam ser testados e os que recusam diferem, nos Estados Unidos, conforme a idade, escolarização e cor da pele. Assim, os fatores cognitivos, psicológicos e culturais de cada um dos comportamentos de redução dos riscos são separados, avaliados e abordados de maneira diferente.

Essas técnicas de marketing social permitem, enfim, modular antes e avaliar depois o impacto das campanhas de informação conduzidas hoje nacionalmente. Um bom indicador provável é seu efeito sobre a demanda geral de testes. Segundo os estudos realizados, as campanhas nacionais de informação na Grã-Bretanha e na Austrália parecem ter tido pouco efeito sobre as populações expostas (Washington, 1987). Ao contrário, elas inquietaram amplas camadas da população, que testaram negativamente.

Isso confirma que mudanças de comportamento não são simples efeitos da informação. Uma das preocupações dos especialistas é dissociar a gestão da doença e a gestão da epidemia, uma vez que o grande público tem mais medo da epidemia que ele fantasia que da doença que ele não conhece. Assim, mais que recorrer aos regulamentos habituais, ao controle das epidemias — quarentena ou esquadrinhamento —, a comunidade dos especialistas parece privilegiar as tecnologias de gestão dos comportamentos, cujos elementos são transferíveis internacionalmente, tal como qualquer outra tecnologia. Esse saber da gestão dos comportamentos alternativos nasceu do controle das escolhas de consumo nas democracias liberais.

O apelo ao civismo ou à ética individual, que se encontra na maioria das mensagens, faz parte desse dispositivo liberal. Uma gestão liberal de um problema de saúde pública promove como correlato da intervenção governamental e de seus limites dados muito novos, que extrapolam a definição da saúde e do bem-estar que, desde Bentham, os governos se dão como meta. Admitir, por exemplo, a troca das seringas ou sua venda sem prescrição médica para facilitar a prevenção da AIDS no meio toxicômano, subvencionar organizações oficialmente homossexuais em países como a Irlanda, onde a homossexualidade é uma prática ainda considerada delituosa[5], é, para uma gestão liberal, ao mesmo tempo respeitar as práticas em torno das quais se estruturam os indivíduos, e avançar mais na esfera da vida privada. É também promover como valores liberdades que entram em conflito com certos códigos morais gerais de nossas sociedades. Vemos a estreita margem de manobra de uma gestão liberal desta epidemia.

No contexto das democracias pluralistas, a classe política, no seu conjunto, é confrontada com as expectativas que, sob o mesmo vocábulo de saúde pública, podem fazer valer diversos conteúdos. A utilização de ideologias sanitárias tornou-se moeda de troca no mercado eleitoral. O recurso às medidas regulamentares anteriores e à utilização de saberes anteriores adquiridos a propósito de outras doenças infecciosas, desde que seja verdade que todo saber popular é um antigo saber erudito, são dados que fazem parte do campo geral onde se formula o que se chama de saúde pública. Pois essa noção não tem um conteúdo científico unívoco. Ela é o lugar de uma negociação sobre os recursos, o estatuto dos doentes, das doenças, dos cuidadores.

Até que ponto o modelo atual de gestão liberal da AIDS, promovido pela comunidade político-médica dos especialistas nesse campo, poderá conservar sua hegemonia? Até quando os grupos sociais imediatamente concernidos pela infecção poderão fazer valer sua própria participação na gestão da epidemia?

5. A homossexualidade foi descriminalizada na Irlanda em 1993 [N.T.]

O próprio quadro das democracias, onde esta gestão se desdobrou, é por essência aberto à confrontação entre os programas antagonistas de gestão social.

Já que estamos diante de uma pandemia, algo novo no nosso mundo cindido pelos eixos Norte-Sul e Leste-Oeste; e sendo uma pandemia a oportunidade de transferência de tecnologias não apenas médicas, mas também sociais; e, por fim, uma vez que os países desenvolvidos e democráticos são raros, eles têm a dupla obrigação da manutenção das pesquisas e dos direitos das pessoas privadas. Por um lado, essa obrigação advém dos recursos desses países e, por outro, de suas tradições e fundamentos. Às democracias se apresenta o desafio das vidas e das liberdades.

A HOMOSSEXUALIZAÇÃO DA AIDS*

Desta vez, o dia 1 de dezembro, há três anos consagrado pela OMS como dia mundial de combate à AIDS, é dedicado às mulheres. Os novos responsáveis pelo programa mundial Aids, em Genebra, que estimam o número de pessoas portadoras do vírus no mundo em oito ou dez milhões (dos quais um terço seria de mulheres), repetem que a transmissão dominante é heterossexual. Hoje, as palavras e os números caminham na direção de uma desomossexualização da AIDS?

Ora, ao mesmo tempo, constatou-se que a prevenção não progride no meio gay: na França, o uso de preservativos estagnou; as doenças venéreas voltaram; a diminuição do número de parceiros, observada na França e na Alemanha a partir de 1987, não é mais constatada depois de 1988. Michel Pollak dizia, recentemente, numa reunião internacional, que o ciclo das mudanças parece ter chegado ao fim. Em São Francisco, os epidemiologistas ficam alarmados diante do abandono das relações sexuais protegidas entre os jovens que chegam à vida sexual, e temem por uma recidiva da epidemia entre os gays entre 1993 e 1995.

Certamente não é à falta de informação acerca dos riscos de transmissão que se deve imputar essas constatações. Há, provavelmente, um certo número de fatores psicológicos de bloqueio que merecem análise. Eu gostaria de sugerir algumas hipóteses e propor um debate.

*. Artigo inicialmente publicado no *Gay Pied Hebdo*, n. 446, de 29 de novembro de 1990, e igualmente publicado em inglês em Mark Blasius e Shane Phelan (org.), *We Are Everywhere. A Historical Source Book of Gay and Lesbian Politics*, New York: Routledge, 1997.

A história violenta das relações entre os homossexuais e a AIDS é complexa. Ela se tornou um elemento essencial da experiência individual e coletiva dos gays. Ela pesou enormemente sobre as representações e estratégias que contribuíram para modelar socialmente esta epidemia. Desde 1981, se conheceram três formas sucessivas muito diferentes da homossexualização da AIDS.

1. De início, é a publicação em julho de 1981 do famoso artigo de Laurence Altman no *New York Times* que reporta algo constatado progressivamente desde fevereiro no Centro de Controle de Doenças, em Atlanta: 41 casos de uma nova doença são notificados entre os gays. O efeito bomba desse artigo na comunidade gay americana está bem documentado em um belo filme sobre esses dez anos da epidemia, *Meu querido companheiro*, atualmente em cartaz. Até a descoberta dos primeiros casos de doentes por transfusão de sangue, formularam-se as hipóteses mais irracionais sobre a ligação que poderia haver entre essa doença e um comportamento homossexual. A noção de "câncer gay", que se propagou como um rastilho de pólvora, parecia ameaçar coletivamente os gays, sem que se compreendesse o mecanismo da ameaça. É demasiado irracional para não ser sentido como um fantasma da maioria moral, como uma agressão social, até que fosse estabelecida uma explicação científica da infecção por um vírus.

Essa nova doença é detectada, pois, entre os gays, pela epidemiologia. Mas, nesta constatação, dois elementos importantes são esquecidos:

— Se os gays não tivessem feito seu *coming-out* desde os anos 1970, não se saberia que esses novos doentes são gays. Dez ou quinze anos mais cedo, a mesma epidemia não teria sido tão facilmente relacionada à homossexualidade masculina.

— Faz parte desse *coming-out* o fato de os gays terem se medicalizado: eles gerem clínicas de tratamento para doenças venéreas e médicos gays se organizam como tais, com uma clientela conhecida como gay. Isso facilitou a identificação.

Desse modo, constatou-se posteriormente, analisando as estatísticas, que os toxicômanos nova-iorquinos manifestaram, na mesma época, novas doenças e uma grande mortalidade. Mas, muito menos integrados, muito menos medicalizados, não foram imediatamente associados à epidemia. Então, a associação imediata entre homossexualidade e AIDS (que não tinha ainda nome) misturou dois dados distintos: um fato epidemiológico e um fato social recente, a visibilidade do comportamento gay.

2. A segunda fase da homossexualização da AIDS é bem diferente: de início, ela é sustentada por uma parte dos próprios gays, raramente por aqueles que estiveram na liderança do movimento de liberação gay. É a mobilização dos próprios homossexuais organizando a ajuda mútua para os atingidos por essa doença misteriosa, que provoca medo em todo o seu círculo próximo de familiares e amigos, e a prevenção, no conjunto da comunidade gay desde janeiro de 1982, com a criação, em Nova York, do Gay Men's Health Crisis. Mas, certamente, isso só é imediatamente possível numa comunidade ao mesmo tempo muito atingida pela epidemia e consciente de existir como comunidade e organizada como tal. Na França, por exemplo, essa existência em comunidade é bem mais problemática, primeiro porque globalmente a sociedade francesa não é uma sociedade de tradição comunitária, mas de nação assimiladora. Os novos comportamentos gays se impuseram lá mais lentamente, por volta de 1978, se tomarmos como indicador a aparição no Les Halles de bares abertos para a rua, abertos durante o dia, cujos preços eram os mesmos dos outros bares.

São indicadores comerciais, mas são eles que organizam o ambiente: imprensa, lugares de consumo, mas não são locais de atividades comunitárias, de serviços, como esses dispensários médicos que encontramos em São Francisco ou em Amsterdã, nem dos líderes de opinião. Começa-se a falar de homossociabilidade, que é uma visibilidade social de estilos de vestir, maneiras de agir, de expressão afetiva, mas que não impõe sua presença na cidade fora dos lugares comerciais, como em São Francisco. O comércio gay não pode, de imediato, assunir esse novo risco como uma causa, porque ele está ameaçado, nos seus interesses, por essa epidemia. A consciência coletiva da epidemia só começa de fato na França em 1984, e a mobilização dos gays como tais consistia — fora da aparição de alguns voluntários — em mobilizar os lugares comerciais essencialmente em torno de uma informação sobre o risco de contaminação por certas práticas sexuais não protegidas. A internacionalização de uma organização de gays contra a AIDS legitimou essa mobilização. Ao tornar-se um fato coletivo, dando lugar a um novo estilo de relações sexuais, a prevenção efetivamente tem chances de sucesso e se constata, depois, que desde 1986, na França, a epidemia começou a diminuir entre os homossexuais.

Creio que é necessário assinalar que essa forma de homossexualização da AIDS teve dois efeitos maiores, que marcaram desde então a resposta social à epidemia:

— Os homossexuais conseguiram o reconhecimento, de início, por parte do corpo médico, depois por parte de uma grande fração do corpo social, que não se podia tratar bem um paciente acolhendo apenas o seu corpo ou seu sintoma e rejeitando-o como indivíduo. Eles tiveram de admitir que não se pode, no mesmo gesto, julgar e tratar, anunciar uma doença talvez fatal com data limite sem partilhar o saber que se tem sobre as estratégias terapêuticas, que a abordagem de um doente é global e que a instituição médica tem uma violência própria, que pode distanciar aqueles que deveriam poder contar com ela.

— Os homossexuais propuseram seu modelo de prevenção inventando a noção de "sexualidade sem riscos" (SSR ou *safer sex* ou *safe sex*). Essa noção tem inúmeras consequências. Ela permite a uma comunidade que se estrutura abertamente em torno de sua sexualidade (mas os heterossexuais também o fazem, sem o dizer), de salvar sua pele; mas ela permite também manter no seio da vida comunitária e de seus prazeres as pessoas já infectadas. É, provavelmente, a primeira vez que se ocupa não apenas da proteção daqueles que não estão infectados, mas do prazer daqueles que estão. Trata-se de uma verdadeira laicização da representação social do doente nas nossas sociedades. Nossas sociedades têm compaixão pelos doentes porque eles sofrem: a religião sempre reencontrou a imagem do Cristo no doente. Desta vez, mesmo doente, mesmo infectado por um vírus, não se é excluído do gozo.

Com muita frequência, mesmo a literatura gay tornou os homossexuais aceitáveis por meio das figuras de sofrimento. Era um verdadeiro desafio defender o prazer, protegê-lo social e biologicamente, dando continuidade aos movimentos dos anos 1970. Esta afirmação coletiva de uma prevenção e de uma solidariedade contra a AIDS permitiu o movimento dos anos 1970 não regredir à homofobia. Ele manteve a expressão coletiva dos gays e frequentemente permitiu a expressão individual: tornando-se voluntário em uma organização, manifestando sua solidariedade financeira, afirmando profissionalmente seu engajamento na luta contra a AIDS, muitos faziam seu *coming-out*. Assim, pouco a pouco, confundiu-se coletiva e individualmente identidade homossexual e AIDS. Como se agora fosse mais fácil manifestar que a AIDS lhe diz respeito do que se dizer homossexual. Creio que entramos numa terceira fase da homossexualização da AIDS.

3. O que caracteriza esta terceira fase, na qual estamos hoje? É, primeiramente, a experiência coletiva do custo da epidemia nas nossas vidas pessoais, na nossa vida sexual, nas nossas amizades, na desaparição de tantos que conhecíamos e amávamos. Atualmente, se os heterossexuais começam a ter uma consciência da epidemia, eles não têm essa experiência coletiva do peso do luto ou da soropositividade. Ela se tornou uma experiência internacional para os que viajam e para os que buscam as pessoas que conheceram. É uma experiência que inibe os que gostariam de criar uma relação afetiva duradoura, ou que provoca a ruptura dos casais discordantes do ponto de vista sorológico, ou seja, quando um é soropositivo e o outro não, ou, mais raramente o contrário, que intensifica a vida de certos casais como se estivessem unidos até a morte.

Creio que essa situação nova leva a três consequências importantes, que explicam talvez por que as práticas de proteção da sexualidade começam a se esgotar, a se estagnar.

1. O sentimento de perda coletiva engendra um mecanismo de defesa que é um estado de depressão. É característico que, na comunidade, os únicos que tenham conseguido fazer passar uma mensagem de força coletiva tenham sido os que adotaram o "Viver a Aids". Durante muito tempo temeu-se coletivamente recorrer aos testes: os riscos bastante concretos de discriminação nos seguros de saúde e no trabalho, por um lado, e a escassez de propostas médicas e de apoio, por outro, fizeram com que durante um tempo todo mundo dissesse, como os americanos em 1985, "*no test is best*". Foi necessário que se desenvolvesse a prevenção das infecções pulmonares pelos aerossóis, a possibilidade de receber o AZT sem o aparecimento de sintomas e um importante movimento de autossuporte entre os soropositivos para que cada um reconhecesse a vantagem real, hoje, de recorrer ao

teste. Mas, durante muito tempo, muitos preferiam fazer como se já fossem soropositivos, sem procurar verificar se eram ou não — e nós mesmos, em nosso discurso de 1985 na *Aides*, dizíamos: "seja positivo ou negativo, o comportamento é o mesmo: nada de penetração sem preservativo". Ora, isso significava admitir a hipótese de uma soropositividade generalizada; era misturar, inconscientemente, duas identidades, homossexualidade e AIDS, entrar numa certa denegação da diferença de realidade entre a soropositividade e a soronegatividade. Sabemos bem que, se em dado momento a denegação ajuda, ela não se sustenta a longo prazo.

2. Aqueles que pensam ser soronegativos começam a experimentar um sentimento de má integração num destino comum, a experimentar uma síndrome do sobrevivente, que foi amplamente analisada após as catástrofes. Talvez esse sentimento não seja ainda muito partilhado na França, mas eu já o percebo, eu mesmo o vivi após a morte do amante. Num desejo de identificação, de culpabilidade que se experimenta sempre por sobreviver, há um desejo de se expor para sair da depressão e da culpabilidade. Perguntei a alguém, no interior, sobre esse sentimento e ele me respondeu há dois dias: "Sim, hoje nos sentimos mais fortes quando podemos dizer que somos soropositivos." Estudos realizados em São Francisco, em particular por Walt Odets, com gays e bissexuais não infectados pelo HIV, mostram que esse sentimento de ser um sobrevivente e de experimentar uma culpabilidade progride consideravelmente. Constata-se também que muitos daqueles que nunca falaram a seus familiares ou a seus próximos no campo profissional sobre sua orientação sexual se precipitam para estabelecer uma comunicação quando ficam sabendo de sua soropositividade, como se hoje a negociação social de um estado biológico tivesse se tornado mais aceita que a de uma escolha sexual.

3. Foi dito em todo lugar, na França e fora dela, que os gays se mostravam rapidamente responsáveis e tinham assumido, antes de todo mundo, a prevenção e a solidariedade. O *safer sex* se tornou nosso passaporte oficial, que não poderia ser manchado. Talvez tenha-se criado um discurso estereotipado acerca da capacidade de prevenção conduzida coletivamente pelos gays. Ora, é necessário reconhecer que praticar dia após dia uma sexualidade sem risco é muito difícil, que muitos reagem, de fato, pela disfunção sexual: perda do desejo ou, ao contrário, denegação contra a angústia. Se recusamos debater a dificuldade de estabelecer novas relações sexuais, uma nova homossociabilidade, de debater questões estritamente homossexuais e não simplesmente progressos sob o disfarce da AIDS, nos arriscamos a ver a luta contra a AIDS tornar-se um encobrimento, um fingimento pelo qual cada um pagará seu dízimo como na igreja, sem muito acreditar nas virtude teologais da esperança e da caridade.

É necessário saber que, tanto o sexo com risco quanto o sem risco não são apenas comportamentos, são fundamentalmente relações sociais. Por exemplo, quando dois rapazes começam a viver juntos, frequentemente se submetem ao teste para saber se podem viver sem praticar o *safer sex*, pois eles conduzem bem sua intimidade numa sexualidade não protegida. Se as relações entre nós não são mais objeto de debate, ao passo que elas estiveram no coração das lutas dos anos 1970, elas se tornarão, novamente, uma ilusão. O *safer sex*, a sexualidade sem risco, é uma sexualidade; de fora, se entende isso muito mais como uma assexualidade. Dizer-se soropositivo é frequentemente para os de fora se reconhecer como vivendo uma assexualidade. Caso se faça da sexualidade protegida uma ideologia oficial e não de novo o objeto de um debate sobre a sexualidade, sobre a homossexualidade hoje, arriscamo-nos impor um novo silêncio sobre a verdade das práticas sexuais hoje. Corremos o risco de más surpresas a curto prazo se transformarmos o *safer sex* em um slogan militante.

Creio que há, pois, uma má homossexualização da AIDS, que consiste em identificar totalmente a vida homossexual, ainda difícil de ser assumida psicológica e socialmente, e a luta contra a Aids, mais bem aceita socialmente por ser um pouco dessexualizada. O voluntarismo tem sempre seus limites. Minha grande surpresa, quando criei o *Aides*, foi ter descoberto quão poucas coisas tinham sido conquistadas na França pelos movimentos homossexuais nos anos 1970 em termos de direitos e de modo de vida. Muito rapidamente, ficou claro que programas como a união civil eram desafios verdadeiros e há ainda muitas coisas a conquistar em termos de tolerância da sociedade. Se hoje estou convencido de que a organização da resposta à epidemia e da solidariedade é efetivamente um instrumento importante de reconhecimento individual e coletivo do fato homossexual, creio também que os homossexuais não podem reduzir todas as suas questões à boa imagem de controladores da epidemia, pois se essa imagem se tornasse um engodo, isso custaria caro ao mesmo tempo em vidas e em reações sociais.

A CARNE, O CORPO E O LÁTEX*

Não pertenço ao movimento Cristãos & AIDS, entretanto não considero que represento mais o lado AIDS que o cristão. Não sou crente, mas não poderia dizer tão afirmativamente que não sou cristão.

Podemos ser cristãos sem a fé? Podemos ser "culturalmente cristãos"? Alguns dirão, mesmo eu, que somos culturalmente católicos. É pelo cristianismo que me torno estranho em relação a outras civilizações: hinduísta ou islâmica, por exemplo. Tenho uma consciência muito nítida de pertencer a uma civilização cristã. É isso que me autoriza a propor uma primeira questão: o movimento Cristãos & AIDS se dirige apenas aos crentes ou igualmente aos cristãos culturais? Pois me sinto com direitos nessa cultura: o direito de interrogá-la. Assim, interrogo o modo pelo qual a sexualidade dos não crentes pouco escapou dessa cultura cristã.

Essa cultura me torna mais sensível ao "meio" que é a Igreja que à sua "mensagem", para retomar o vocabulário de Mac Luhan. *Medium* que faz a força social de uma religião, talvez mais que a ponta de lança de sua mensagem; é assim que o integrismo deve ser compreendido como uma demanda pelo reforço do meio mais que o da mensagem. Sei também que a verdadeira mensagem, aquela que marca uma civilização, é um meio e não a ponta de lança da mensagem. É necessário então estar muito vigilante em relação ao meio.

*. Intervenção no encontro anual do movimento Cristãos & Aids, criado por Antoine Lion OP, publicado em *Chrétiens et sida*, nº4, mars 1994.

Uma igreja puritana

Tive a dor de assistir recentemente às exéquias de minha mãe. Na sua homilia, o padre, com o broche dos voluntários do *Aides*, relembrou os cristãos de seus deveres de solidariedade em relação aos doentes, evocando sua própria presença ao lado deles na nossa pequena cidade da Borgonha. Minha família paterna é de origem jansenista, logo, descristianizada de longa data pelos rigores do catolicismo de Auxerrois do século XVIII. Ela ficou extremamente surpresa pela posição do padre, julgando-o excepcional: "É um padre muito progressista! Não se espera isso numa igreja." Que se fique admirado pelo fato de que a Igreja seja capaz de compaixão me escandalizou completamente.

Assim, a Igreja da minha infância, tal qual eu a representava, desapareceu. Ela oferece hoje uma representação de si mesma puritana, moralista, uma Igreja de mandamentos e interditos, detentora, de início, de uma moral sexual. Pergunto a mim mesmo se não há uma deriva interna e externa à Igreja romana rumo a um modelo anglo-saxão.

Esta imagem da Igreja, para mim desconhecida nos voltou por ocasião de uma recente missão na Polônia: uma Igreja da qual os soropositivos pareciam excluídos tanto quanto da sociedade, uma Igreja que levantava objeções ao batismo das crianças soropositivas.

É a imagem do bispo de Rennes, intervindo há alguns anos no material de prevenção destinado pelo Estado aos jovens ou do cardeal O'Connor, de Nova York, que bloqueou um manual de educação primária onde se fazia uma alusão à homossexualidade. É a imagem que eu trouxe da Tanzânia, onde, numa região católica, 30% da população está atingida pelo HIV; o essencial dos cuidados é assegurado por médicos muito religiosos, o único local onde a população se reúne em grande número é a igreja, mas falar de preservativo é proibido.

Tem-se a impressão de que velhas ideias, mais jurídicas que espirituais, enquadram a noção de pecado na Polônia, que a sexualidade não está inserida numa trajetória espiritual, mas numa moral, e que o sentimento mais disseminado na Igreja é que a AIDS deveria reforçar ou legitimar uma moral sexual repressiva mais que uma reflexão nova. Ao mesmo tempo, os responsáveis pela saúde pública que, no período da epidemia, exercem uma limitação sobre os direitos do indivíduo, se abriram, em escala internacional, a uma reflexão sobre os direitos humanos.

Assim, a Igreja encolhe sua palavra, sua mensagem e seu lugar no campo desta epidemia. Lembro que há alguns anos foi a *Aides* que organizou a primeira vigília ecumênica, na esperança de chacoalhar os espíritos: como se as pessoas engajadas na luta contra a AIDS aportassem à Igreja mais do que esta aportava ao seu combate. Isso me decepciona sem verdadeiramente me importar. Há vozes dissonantes, há provavelmente um debate na Igreja provando que não há dogmas acerca desses temas, mas essa mensagem não ultrapassa o *medium* dominante. Grosso modo, até aqui, a Igreja não disse nada de importante sobre a AIDS.

Para os cristãos, isso importa? Eu penso que sim. Para mim, que não sou praticante, isso me é indiferente. Fico feliz? Isso não é necessário. Em nossos países democráticos, não penso que a Igreja pese sobre o comportamento dos jovens. Aqueles sobre os quais ela pesa não são aqui os mais vulneráveis ao HIV. Quanto àqueles sobre os quais ela não pesa, essa mensagem importa pouco. Lembro a vocês o quanto, na Polônia, o número de abortos é elevado.

Abuso de poder

Nos nossos países, as escolhas da Igreja importam quando pesam sobre as legislações e as decisões políticas. É o que acontece quando, por exemplo, uma associação de pais de alunos que intervém junto a um senador contra um distribuidor de preservativos. A Igreja faz pressão sobre os meios de prevenção disponíveis, o acesso concreto à prevenção para todos, e não sobre as escolhas éticas dos seus seguidores. E isso me concerne como cidadão, na medida em que o esforço da Igreja atinge também aqueles cuja vida espiritual ela não guia. Na França, na questão do preservativo ou da contracepção, ela exerce um poder temporal, um abuso de poder temporal.

Isso também me concerne nos países onde falta um verdadeiro pluralismo moral, onde a pressão da Igreja sobre o legislador é muito forte: na África, na América Latina. Penso que um cristão deve se preocupar com isso: ensinaram-me a distinguir o que é de César e o que é de Deus...

Questões aos cristãos

Nesse contexto, o que esperar de um movimento que se intitula Cristãos & AIDS? Trago duas questões a vocês:

— Se a Igreja intervém cada vez mais tanto no campo político quanto no moral, como deve se situar o movimento de vocês?

— Se o essencial da intervenção da Igreja gira em torno de uma moral sexual, essa moral está conforme ao cristianismo que vocês defendem? Ou ela está profundamente contaminada por uma secularização que a priva de toda verdadeira autonomia de reflexão? A Igreja só tem uma moral sexual a propor? E se este é o caso, ela advém de uma verdadeira espiritualidade?

Visivelmente, a intervenção da igreja na história da AIDS foi espetacularmente ligada a uma resistência ao preservativo. Esta não é uma perspectiva totalmente secularizada? O preservativo é promovido pelas autoridades de saúde pública, sustentado por um discurso técnico nascido nos anos 1970, discurso de liberação, mas que se desdobra num campo estratégico onde circula também aquele da Igreja. É um discurso polêmico, no qual de todo modo os cristãos se vêem numa cilada caso não saiam da clausura. Não gosto do modo pelo qual eles tentam sair disso, e gostaria de dizer por que os julgo emboscados:

— o incentivo ao uso do preservativo reconhece a sexualidade como prazer e não apenas como modo de transmissão da vida, ao que a Igreja tentou reduzí-lo essencialmente;

— o incentivo ao uso do preservativo reconhece a sexualidade como exercício, como aprendizado, como jogo, e não como relação de si a si segundo a modalidade da continência ou da castidade, ou como relação ao outro segundo o modo da fidelidade;

— o incentivo ao uso do preservativo implica certa equivalência entre homossexualidade e heterossexualidade — isso a Igreja não pode entender.

Nessas três implicações, a Igreja está presa na contracorrente de suas próprias teses.

Sexo e política

Os católicos mais liberais tentam abordar a sexualidade contornando esses aspectos. Eles tentam seduzir os jovens com um discurso aparentemente "liberado", no qual insistem sobre a sexualidade como relação, abertura ao outro, doação de si, relação de confiança. Esse discurso positivo, não repressivo, tem por efeito colocar a sexualidade como relação privada, moral, enquanto ela não é dessa ordem; para vocês, ela consagra o casamento para todos, ela é política e social. A relação ao outro, entre um homem e uma mulher na África, não é uma relação "política" de poder? Essa relação é política, pois há entre os gêneros, as famílias, entre os estatutos sociais, relações de poder que atravessam as relações sexuais e que não podemos negar! Ela é social, pois suas consequências são sociais: de início, sob a forma do casal — casal visível, reconhecido ou casal socialmente condenado (o casal homossexual, ilegítimo etc.) — depois sob a forma da procriação, enfim sob a forma da doença...

Gosto da expressão de Ronald Bayer, um americano especialista em Ética, a propósito da sexualidade: "ato privado, consequências sociais". Em nenhum momento se pode tratar a sexualidade como uma relação privada entre dois indivíduos — creio que a noção de sacramento o expressava fortemente. A filosofia não conseguiu fazer do casamento — que Kant considerava, entretanto, como o uso legal dos órgãos sexuais do outro — um simples contrato entre duas pessoas. Esta não é uma relação de reciprocidade; é uma relação atravessada por forças políticas e sociais.

Não é, pois, uma boa análise da sexualidade aquela fundada no discurso relacional proposto pelos cristãos liberais. Levando às crianças esse discurso da relação, do acolhimento do outro, da confiança no outro, continua-se a evacuar o lugar possível, hoje, para o preservativo, que não é um gesto de confiança, mas uma técnica social para evitar alguma coisa que ultrapassa a relação privada. O discurso sobre o amor, sustentado pelos cristãos abertos, faz pesar, sem o dizer, um interdito sobre o preservativo. É necessário aceitar, na análise, dissociar a sexualidade do amor. Fazê-los coincidir exclusivamente pode ser o objeto de uma escolha espiritual, mas esta coincidência não está fundada na natureza.

A ascese e o amor

Além disso, a questão da sexualidade na Igreja não nasceu de uma reflexão sobre o amor ao outro. Se retomarmos os Pais da Igreja — o que Michel Foucault fez nos seus últimos trabalhos —, é a questão da carne, mais que a da sexualidade relacional, que foi importante: a carne, onde minha liberdade afronta o mal, onde minha vontade é traída por uma polução noturna ou uma ereção. A reflexão sobre a concupiscência — a carne — foi, de início, realizada no quadro da vida monástica, de um trabalho sobre si. Não se trata de uma moral que diz respeito aos atos sexuais — à diferença da reflexão islâmica —, mas sobre os desejos, as representações, as relações da alma e do corpo, onde aquele que crê é obrigado a descobrir uma verdade sobre si, pelo exame, pela confissão, pela escolha da consciência. A concupiscência e a fornicação faziam parte de toda uma série de tentações, de limites, onde os cristãos se constituíam asceticamente.

O islã e o judaísmo reservaram um lugar importante ao controle do corpo no consumo de alimentos. Para os Pais da Igreja, a própria fornicação não era um vício separado, mas estava tomada numa cadeia de oito vícios — e é nesse exame que o sujeito se desenvolvia como ser ético. Ora, hoje, a Igreja só oferece uma concepção secularizada da sexualidade, ela não a pensa verdadeiramente num movimento espiritual. Ela a precedeu e depois seguiu a inclinação da medicina, acentuando seu domínio sobre o sujeito pelo viés da sexualidade, cada vez menos por uma problemática do sujeito e cada vez mais por uma moral sexual.

Fiquei perplexo escutando Xavier Lacroix sobre a sexualidade, ao vê-lo referir-se mais aos psicanalistas (como Ruffiot ou

Bergeret) do que aos Pais da Igreja. Creio que a Igreja é prisioneira do preservativo porque ela mesma entrou numa secularização da sexualidade, que a sociedade civil não tinha concluído; porque ela não lhe atribui mais a significação espiritual de seus começos. Não será porque a Igreja só sabe se endereçar ao sujeito em matéria de sexualidade que ela tenta pressionar o legislador?

No século IV em Marselha, Cassiano, refletindo sobre a gula, chegou à conclusão de que à diferença da concupiscência, não se podia, pelo ascetismo, banir toda alimentação, pois havia um limite para "liberar-se da carne permanecendo no corpo". A Igreja pode pensar uma significação, na nossa sexualidade, para essa distinção entre carne e corpo?

APÊNDICE

FOUCAULT: MATERIALIDADE DE UM TRABALHO*

Entrevista com Daniel Defert por Alain Brossat, com a colaboração de Philippe Chevalier.[1]

1. Uma vida de atleta

Alain Brossat:[2] Já faz muito tempo que busco a oportunidade de interrogá-lo a respeito do que se poderia chamar a materialidade do trabalho de Foucault. A questão que me coloco, no fundo, é simples: há, na condução de uma "obra" (sei bem que ele teria recusado esse termo) como a de Foucault uma dimensão quase atlética, que supõe uma organização rigorosa de seu tempo, que implica numa forma de vida no cotidiano. Parece-me que se pode identificar toda uma zona inexplorada entre, de uma parte, o que se escreve nas biografias e que está, no essencial, submetido ao regime do acontecimento (capítulos de uma vida que se encadeiam) e, de outra, que diz respeito ao estudo dos textos, à análise e ao comentário dos livros e outras publicações. Há toda uma zona cinza, que se estende entre essas duas partes e que é feita

*. A edição brasileira, diferentemente da francesa, decidiu incorporar a entrevista a seguir, dado seu interesse para os leitores da obra de Foucault entre nós.

1. In: Irrera, Orazio e Vaccaro, Salvo (ed.). *La pensée politique de Foucault*. Paris: Éditions Kimé. 2017.

2. Professor de Filosofia na Universidade de Paris VIII. [N.T.]

desse tempo do trabalho, da disciplina que o pesquisador se impõe, dos hábitos que o estruturam. Foucault era um homem disciplinado e de hábitos?
Daniel Defert: Completamente! Um dia, ele me disse esta frase, que lembro muito bem: "O trabalho intelectual não tem suficiente materialidade. É necessário construí-la, por meio de horários rígidos: é preciso trabalhar todos os dias à mesma hora, como na fábrica...".

AB: Logo, isso começa pela manhã, bem cedo.
DD: De qualquer maneira, provavelmente não antes das 9... De fato, é muito difícil falar do seu trabalho, na medida em que uma grande parte dele é feito na biblioteca, portanto, em meio a outras pessoas. Eu seria incapaz de dizer se na biblioteca ele se contentava em ler ou se, além de tomar notas, lia e escrevia. Em geral, ele saia de casa por volta das 8:30 e deixava a biblioteca no final da tarde, por volta das 17:30 ou 18:00 horas. A partir daí, começavam os compromissos, aqui ou na cidade. Era a hora da vida social e política, dos encontros, e em seguida, dos jantares — geralmente com pessoas próximas, os amigos íntimos: Pierre Cabat, Mathieu Lindon, Hervé Guibert, Thierry Voeltzel por exemplo, três ou quatro pessoas. Essas noitadas entre amigos raramente se prolongavam além das 22:00 horas e eram seguidas por uma hora de leitura — de modo algum aquilo que se imagina geralmente: as novas publicações, a *avant-garde* literária, não, ele lia *As memórias do além-túmulo* [Chateaubriand], Thomas Mann inteiro, Gogol, Kafka... e, às 23:00 horas, o sono.

AB: O trabalho era interrompido nos finais de semana?
DD: Não, não, final de semana não existia! No sábado à tarde visitávamos exposições de pintura, mas a noção mesma de fim de semana não existia... E, sobretudo, um feriado, um dia de Natal sem escrever era impossível! Foucault raramente datava seus

escritos, mas se ele tivesse colocado embaixo de um texto "25 de dezembro...", ele o teria feito de bom grado — esse dia sendo aquele no qual "como cada um sabe, há muitos milhares de anos nada acontece...".[3]

AB: E as férias?

DD: Três dias de férias e começava a neurose! Foucault aceitava deixar seu trabalho, mas para ir trabalhar *em outro lugar*, dar aulas e, nessa ocasião, retomar o trabalho que havia deixado em Paris. Suspender o trabalho por férias era simplesmente impensável. Lembro que após a prova escrita da agregação, eu queria descansar antes de me preparar para a prova oral. Fomos a Touquet. Devíamos passar ali três dias. Já no segundo, vi que era impossível; havia dois dias que ele não trabalhava, isso era insuportável, tivemos que voltar... Por isso, só fizemos muito poucas viagens de lazer. Quatro dias no vale do Mississipi, creio — mas o carro devia estar cheio de livros e suas reflexões sobre a paisagem faulkneriana plenas de invenções (ele gostava muito de Faulkner). A maioria dos biógrafos nunca fala do trabalho de Foucault. Eles falam dos livros que ele escreveu ou então, como o fez James Miller, dão a impressão que Foucault era um homem de distrações, o que evidentemente é absurdo — a distração tinha que ser muito séria... A distração, para ele, se dava entre 18:00 e 22:00 horas, nos horários de sociabilidade, e não às custas do tempo do trabalho.

AB: Você chegaria a dizer que ele tinha horror ao que se chama correntemente de "lazer"?

DD: Não exatamente. Ele ia ao teatro, ao cinema, a concertos — mas continuavam sendo atividades: ele falava a respeito, podia

3. Palavras de Foucault, por ocasião da visita à residência do romancista Jacques Almira (Prêmio Médicis, 1975), no dia de Natal.

sintetizá-las, fazer a crítica ao sair do espetáculo. Sentia-se que ele havia acompanhado tudo ativamente — logo, era lazer no sentido de *otium*, não de *far niente*...

AB: Ele preferia ver espetáculos feitos pelo seu entorno, de artistas próximos?
DD: De qualquer modo, éramos regularmente convidados. É uma das vantagens do meio intelectual francês: se podia ir ao teatro inúmeras vezes por semana, como convidado. O que íamos ver, em geral, eram coisas para serem divulgadas: o teatro vanguardista da época, o festival de outono — Michel Guy[4] era um amigo e nós perdíamos poucos eventos desse festival. Havia os concertos... Saíamos uma ou duas vezes por semana.

AB: Como se fazia a escolha?
DD: Víamos apenas coisas um pouco engajadas no plano estético, intelectual ou político. Raramente se ia à *Comédie Française*, não íamos juntos à Ópera — salvo quando Pierre Boulez dirigiu *Wozzeck* ou *Lulu*, inteiramente aos seus cuidados.[5] Não víamos coisas tradicionais, íamos de preferência ao teatro dos Amandiers ver as encenações de Chéreau...

AB: O que ele pensava da televisão? Vocês tinham uma em casa?
DD: Tivemos tardiamente. Acho que ele a comprou para mim. Começamos a morar realmente juntos, nesses dois apartamentos separados por uma parede [Rue de Vaugirard], em 1970 — antes, eu morava num apartamento ao lado do seu, no Boulevard de

4. Michel Guy (1927–1990), mecenas e promotor cultural, criou em Paris o Festival do Outono em 1972, a pedido do presidente Georges Pompidou. Tornou-se Secretário de Estado da Cultura no primeiro governo de Jacques Chirac (1974–1976).
5. As duas óperas de Alban Berg, dirigidas por Boulez, respectivamente em 1963 e 1979 na Ópera de Paris.

Grenelle. A televisão, creio, foi ele que me presenteou e ela ficava na minha casa — uma televisão pequena, totalmente banal, em preto e branco...

AB: O que Foucault assistia? Às notícias?
DD: Passamos a apreciar as notícias com Christine Ockrent, de quem éramos muito fãs, de início quando ela era repórter na época de Giscard, e depois quando passou a apresentar o noticiário das 20:00 horas, a partir de 1981. Não perdíamos as notícias das 20:00 horas, nos acostumamos. Antes, passava *Le Pain Noir*, uma série de enorme sucesso[6] — ninguém ficava nas ruas de Paris na hora em que passava essa série, que evocava a condição operária no século XIX. Acompanhávamos essa série com paixão e depois líamos as críticas de Maurice Clavel sobre a televisão.[7] Houve então todo um período em que a televisão se tornou interessante — e Foucault achava que a televisão francesa era muito mais interessante que várias outras, ainda que tenhamos chegado a ela tardiamente.

AB: Que relação tinha Foucault com a cultura popular?
DD: O fenômeno rock o impressionava: Woodstock, a cultura underground. Levei-o para assistir David Bowie no Hipódromo de Auteuil em 1983 e ele ficou entusiasmado. Muito cedo, concedeu uma entrevista para *Actuel*,[8] um fanzine lido pelos secundaristas, mas abominado pelos maoístas. No Brasil, ficava emocionado ao

6. *Le Pain Noir*, série realizada por Serge Moati a partir da obra de Georges-Emmanuel Clancier, foi apresentada de 1974 a 1975 pelo segundo canal da cadeia da ORTF, e posteriormente pela Antenne 2.
7. No *Le Nouvel Observateur*, em que Maurice Clavel, amigo de Foucault, assinou uma coluna de 1967 até sua morte em 1979.
8. "Par-delà le bien et le mal" (entretien avec des lycéens), *Actuel*, nº 14, novembro de 1971, retomada nos *Dits et écrits I*, 1954–1975, editado por D. Defert, F. Ewald, Paris: Gallimard, 2001, p. 1091–1104.

ver qualquer garoto com um instrumento musical. Ele debateu igualmente essa nova cultura com Pierre Boulez.[9] Mas ainda assim era a música erudita, clássica ou contemporânea, que ele escutava. Ele tinha assistido algumas aulas de Olivier Messiaen com Jean Barraqué.

AB: Ele não se interessava pela canção.

DD: De quais cantores gostava? Ele gostava de ouvir Julien Clerc e de encontrá-lo, certamente. Julien Clerc o convidou para um programa na televisão, e mesmo tendo recusado, ficou tocado com o convite. Ele cita igualmente Trenet, mas na rádio japonesa:[10] isso correspondia ao que era esperado de um francês se expressando no Japão! Claro, fomos ouvir Montand quando ele retornou ao palco no Olympia, em 1982, mas como convidados, como amigos. O mesmo com Ingrid Caven: ela era a esposa de Fassbinder e Foucault seguia a renovação do cinema alemão. Fassbinder esteve aqui com Daniel Schmid,[11] que era íntimo e vinha quase toda semana.

AB: Foucault tinha ideias específicas sobre a cultura de massa, tema que de todo modo mobilizou muito os intelectuais nos anos 1960 e os seguintes, com essa espécie de adornianismo difuso que prosperava na época?

DD: Não sei se ele tinha um interesse espontâneo por essas questões, mas ele foi muito solicitado, por exemplo, por Dario Fo. Fomos vê-lo inúmeras vezes, quando este vinha se apresentar

9. Michel Foucault, "Michel Foucault/Pierre Boulez — A Música Contemporânea e o Público", in: *Estética: Literatura e Pintura, Música e Cinema* (*Ditos e Escritos III*), trad.: Inês Autran Dourado Barbosa. Rio de Janeiro: Forense Universitária, 2009.

10. Em 1978, intervenção não publicada.

11. Daniel Schmid (1941–2006) era um cineasta suíço. Em 1976, seu filme "Sombra dos anjos", baseado na peça teatral de Fassbinder "O lixo, a cidade e os homens", foi apresentado no Festival de Cannes, provocando uma onda de debates acerca do antissemitismo. [N.T.]

em Paris. Éramos convidados para os seus espetáculos e, claro, íamos jantar juntos. Mesmo que ele não entre na categoria "cultura popular", também encontrávamos Carmelo Bene, que era próximo de Jean-Paul Manganaro, seu tradutor e, além disso, íntimo de Deleuze. Havia todo um grupo de pessoas do teatro que encontrávamos naquele período, por exemplo, o Living Theatre: Judith Malina e Julian Beck que, quando vieram a Paris, passaram quase um dia inteiro aqui. Houve uma época, por volta de meados dos anos 1970, em que todo tipo de artistas renovaram as artes com elementos de cultura popular. Como o interesse deles voltava-se sobretudo para o corpo, era talvez isso que os impulsionava a discutir com Foucault... Genet vinha frequentemente também, nos anos 1970, pois queria que um certo número de intelectuais se mobilizasse para libertar George Jackson da prisão.[12] Catherine [Katharina] von Bülow, que trabalhava na Gallimard, trouxe Genet aqui, e como lidávamos com as prisões nessa época, militamos conjuntamente. E, depois, houve a União da Esquerda e Genet se posicionou a favor da aliança com o Partido Comunista. Nós éramos reticentes. Na ocasião, Genet perseguia um objetivo preciso: na época, a União Soviética apoiava os palestinos. Assim, Genet se distanciou de nós ao se aproximar do Partido Comunista. De fato, tratava-se sempre de ligações pessoais, e passava por outras mediações que não a cultura popular. Fomos muito próximos, por exemplo, de Ariane Mnouchkine e é certo que a vimos representar *1789* e *1793*[13] umas três ou quatro vezes;

12. George Lester Jackson (1941–1971) foi um militante do movimento negro americano, cofundador de um grupo maoísta, preso por um assalto à mão armado. Escreveu "cartas da prisão", uma mistura de autobiografia e de denúncia das condições precárias nas prisões americanas, o que lhe deu muita fama [N.T.].

13. Encenadas, respectivamente, em 1970, na Cartoucherie.

a revolução francesa era para Mnouchkine nossa *Ilíada* e nossa *Odisséia*...[14] Nos tornamos amigos de Ariane, ela vinha aqui. A manifestação dos mendigos, por exemplo, foi concebida aqui.

AB: A manifestação dos mendigos?

DD: Sim, quando o Ministro da Cultura de Pompidou, Maurice Druon, declarou que já estava cansado desses artistas que vinham com o pires de esmolas numa mão e um coquetel Molotov na outra... Ariane Mnouchkine ficou totalmente enojada com essa declaração, que discutiu conosco. Aqui ela expôs — talvez o tenha mesmo concebido — seu projeto de uma manifestação, da qual os artistas participariam em trajes de luto, colocando em cena o enterro da liberdade de expressão.

AB: Pode-se falar, talvez, de uma política da amizade a propósito de Foucault?

DD: Sim, totalmente. Em primeiro lugar, ele tinha uma prática da amizade. Penso que este era um dos valores mais fortes de sua vida: uma amizade que estava ligada a formas concretas de solidariedade, sem exclusividade política. Veja Dumézil, por exemplo: seria difícil situá-lo à direita ou à esquerda, ele se situava meio que além de tudo isso. Não era um esquerdista, mas, quando seu genro se tornou ministro de Mitterarrand, ele ficou muito contente... Era um cristão outrora monarquista, que dizia que, se a universidade estava num tal estado, era por causa desse "idiota do Henrique IV", porque se o rei tivesse permanecido protestante, teríamos uma verdadeira universidade, à maneira dos alemães!

14. Ariane Mnouchkine é uma diretora teatral e cineasta francesa, que fundou o Théâtre du Soleil em Paris em 1964 e que, a partir de 1970, transformou a "Cartoucherie", uma antiga fábrica de armamentos e pólvora situada no Bois de Vincennes, em local de criação e experimentações artísticas. [N.T.]

Ou então com Canguilhem e Hippolyte: eram, verdadeiramente, relações não apenas de admiração, mas também de fidelidade. Assim que assumia algum posto em algum lugar, Foucault os convidava. Eu diria que ele manteve os mesmos amigos ao longo de toda a sua vida. Não era alguém que rompia. Há pessoas que frequentávamos menos, até mesmo que deixamos de frequentar, mas eram pessoas às quais estávamos ligados por movimentações políticas mais recentes. As pessoas com as quais estava ligado por amizade desde sua juventude permaneceram próximas durante toda sua vida.

AB: Ele não brigava com alguém por motivos políticos? Entretanto, com Deleuze, houve algo dessa ordem...

DD: Com Deleuze, eles não brigaram. Os contatos rarearam, mas creio que em parte foi responsabilidade minha... eu temia Deleuze. Sua ironia cortante me dava medo. Eu ficava pouco à vontade com ele e, aliás, eu lhe expliquei isso. Após a morte de Foucault, ele foi tão formidável, tão amistoso, que fiquei envergonhado por temê-lo e disse isso a ele... Parece-me também que os trabalhos de Deleuze com Guattari não apaixonavam Foucault. Guattari estava muito focado em temas como o extremismo italiano e o alemão, enquanto Foucault era muito reticente (ele suspeitava da mão de Moscou), idem em relação às maquinarias molares... A aliança entre Deleuze e Guattari pode tê-los distanciado. Mas, quando Foucault adoeceu, imediatamente pediu para ver Deleuze. Telefonei para Deleuze, que ficou muito tocado, mas a visita não aconteceu por causa dos médicos, que inventaram todo tipo de pretextos médicos — de fato, era porque tinham medo de qualquer um que viesse ao hospital, medo de fugas, simplesmente...

Aconteceu a mesma coisa com Barthes; jamais houve desentendimento entre eles. Eles passaram a se ver menos, porém com o desejo de se rever, penso eu — aliás, o que aconteceu: Foucault, que o havia indicado para o Collège de France, o visitou no hospital.

AB: Havia pessoas de quem Foucault não gostava e ele não o escondia muito, como o mostram traços nos *Ditos e escritos*...
DD: Sim, certamente... Eu diria que Foucault era um homem sinceramente modesto, mas creio que ele tinha uma estima limitada por mais pessoas do que ele deixava transparecer.

AB: Por vezes se vê isso nos *Ditos e escritos*: há, por ocasião de confrontos, pequenas passagens ao ato que são deliberadas e que vão um pouco além do que é a regra no meio universitário...
DD: De fato, ele não gostava de mentiras. Que não se estivesse de acordo com ele, isso ele considerava normal, é a regra na vida intelectual, mas que se dissesse que ele disse o que não disse ou que não falou sobre algo de que falou: isso ele não suportava...

AB: Notadamente da parte de certos comunistas...
DD: ...que faziam uma leitura ideológica de seus textos. Lembro de uma troca de cartas que durou muito tempo com o diretor do *La Pensée*[15] na época, na qual Foucault retomou, de propósito, todas as injúrias comunistas no estilo "víboras lúbricas", etc. "Gostaríamos de publicar sua resposta, mas é necessário tirar isso..." respondeu-lhe o diretor. Sim, Foucault era polemista...

AB: Alegando ao mesmo tempo que jamais se engajava em polêmicas...

15. Revista ligada ao Partido Comunista Francês, fundada em 1939 com o subtítulo de "Revista do racionalismo moderno" e que até hoje é publicada. [N.T.]

2. Um tempo sempre contado

AB: Você falou da importância da autodisciplina e dos horários fixos, mas poderia haver exceções por algum motivo excepcional, uma pessoa importante a encontrar e que estava apenas de passagem por Paris, por exemplo...
DD: Sem dúvida. Foucault não era inflexível, mas, no fundo, tais ocasiões não eram muito frequentes. Em geral, funcionava de acordo com os hábitos que descrevi. Se ele não ia à Biblioteca Nacional, se punha a trabalhar com seu quimono. A mesa que está ali [*ele mostra uma mesa de madeira teca, cheia de papéis, de livros*], é aquela onde ele escreveu *História da loucura* — pois ele havia mantido o mobiliário de trabalho de Uppsala, como este sofá [*no qual, eu estava sentado*, AB]. *Vigiar e punir* foi escrito nessa mesa branca [*ele a mostra*], depois reescrito naquela outra, ali [*ele aponta a primeira mesa*].

AB: Ele tinha algum ritual de escrita, havia um lado fetichista no seu trabalho?
DD: Não saberia responder... de que tipo?

AB: Quando escrevemos, sempre temos manias... No que me concerne, eu não posso começar a escrever sem ter cumprido um certo número de ritos de alinhamento, destinados a esconjurar não sei qual mau espírito...
DD: Além do hábito de terminar todos os seus livros na propriedade familiar de Vendeuvre,[16] não vejo nenhum. Eu me proibi

16. Vendeuvre-du-Poitou, onde a família de Foucault tinha uma propriedade, "Le Piroir", onde morava sua mãe e para onde Foucault ia a cada verão.

de registrar esses aspectos de sua vida. Às vezes, quando encontrávamos certas pessoas, eu me dizia que valeria a pena fazer anotações, por exemplo, quando das discussões de Foucault com Habermas. Eu o fiz quando cruzei com outras pessoas menos determinantes, como Gabriel Marcel, de quem eu era vizinho. Raymon Aron também, com quem discuti o maio de 1968 no calor dos acontecimentos. Mas é o tipo de coisa que eu não queria fazer com Foucault, eu não queria fazer o papel da "pequena dama".[17] Ademais, me vi confrontado com várias questões após a sua morte, quando passei a ter controle sobre a quantidade de material que ele havia produzido. Ver alguém trabalhar é uma coisa, outra é ver o resultado disso. Os cursos publicados desde então — dos quais a maior parte eu havia assistido — revelaram-se verdadeiros livros, com uma lógica de livros — mesmo que desde sempre eu o soubesse. Eu acompanhei os cursos de Martial Guéroult em Saint-Cloud; ora, um curso de Guéroult não dava um livro. Em uma hora ele não tinha esgotado três linhas de Espinosa, enquanto que Foucault, em treze sessões, nos fazia descobrir e atravessar, a cada vez, uma nova problemática.

Em suma, eu olhava Foucault trabalhar sem procurar compreendê-lo. Só depois fui tomado por sua secreta coerência: o retorno das mesmas questões em diferentes momentos, com esse deslocamento que traz cada sequência do trabalho. Há uma frase que me impressionou, creio que está no primeiro curso sobre as prisões; Foucault diz que para que haja um sistema penitenciário, são necessárias três condições: um Estado repressivo, uma sociedade repressiva e uma tecnologia punitiva. Ora, o curso *Teorias e instituições penais* (1971–1972) descreve o nascimento do

17. Maria von Rysselberghe, confidente de André Gide, foi chamada de "pequena dama", em referência aos "Cadernos da pequena dama", editados postumamente nos *Cahiers André Gide*.

Estado repressivo; segue *A sociedade punitiva* (1972–1973) e depois vem *Vigiar e punir* (1975) com o modelo panóptico. Ou seja, as três condições requeridas são postas desde o primeiro ano, como se ele já possuísse toda a arquitetura de seu projeto, ao mesmo tempo em que fazia a pesquisa... Penso que há um certo número de interrogações fundamentais que são colocadas desde os anos 1950 e que não cessam de ser cruzadas e deslocadas, como os *leitmotivs* wagnerianos. Considero que se trata de uma obra extremamente coesa em torno de algumas questões maiores, muito coerente, ao contrário da percepção que dela se tem com frequência; penso na introdução de Gary Gutting.[18]

Philippe Chevalier:[19] Abusa-se demais do "Foucault contra Foucault"...

DD: Recentemente, li na imprensa as resenhas sobre a edição da Pléiade: o destaque é sempre sobre a multiplicidade, a ruptura, a renovação completa... É verdade, mas o que me impressiona é igualmente o rigor do retorno e do aprofundamento das mesmas interrogações filosóficas.

AB: Ao mesmo tempo, ele podia abandonar um campo de trabalho que não lhe dizia mais nada... E isso é sempre uma qualidade porque, se você se sente completamente atado, engajado por uma espécie de juramento de fidelidade ao que tinha anunciado, corre o risco de tornar-se escravo de alguma coisa que já não tem vontade de fazer — e, eventualmente, por boas razões...

18. Gary Gutting. "Michel Foucault: A user's manual", in *The Cambridge Companion to Foucault*, éd. Gary Gutting, Cambridge, University Press, 1994. [Ed. brasileira: "Michel Foucault: um manual de usuário". In: *Foucault*. São Paulo: Ideias & Letras, 2016].
19. Estudioso de Foucault, autor, principalmente, de *Foucault e o cristianismo*. [N.T.]

DD: Não é isso que quero evocar: ele não era fiel a um programa — programa é uma coisa para os circos! Assim, quando ele anuncia em *A vontade de saber* uma série de trabalhos sobre a sexualidade, o tema já estava esgotado antes de ter sido escrito. Não, eu evoco a recorrência e o cruzamento das mesmas problemáticas. A fidelidade a si e não a um programa anunciado.

AB: Ele escrevia seus livros à mão ou à máquina?

DD: À mão. Às vezes ele reescrevia à máquina os textos curtos ou os artigos que precisava enviar — ele possuía sua máquina, que devo ter ainda em algum lugar —, mas a primeira versão sempre era pensada e escrita à mão. Não creio que ele tenha composto qualquer coisa à máquina. Os artigos sobre o Irã foram escritos à mão, mas como precisava enviá-los aos italianos, em seguida ele os copiou à máquina[20] — dá para reconhecer sua datilografia particular. Ele não tinha ninguém para datilografar seus textos. Apenas no fim, a partir de 1978, contou com Françoise-Edmonde Morin, que assumiu a secretaria do Collège de France. Havia tanta correspondência que não conseguia mais responder, cartas que passou a entregar a ela e depois lhe dizia, em linhas gerais, o que deveria ser respondido — "Diga que estou doente...". Ela até tinha um modelo de sua assinatura, que eu consigo reconhecer... Fora isso, Foucault era alguém que fazia tudo sozinho, à mão. É dificilmente imaginável... Não havia internet: as citações, era necessário verificá-las na biblioteca...

AB: Ele se isolava fisicamente para escrever?

20. Os artigos sobre o Irã (1978–1979) foram originalmente escritos para o *Corriere della Sera*.

DD: Ele escrevia em casa. Recusava os convites para as casas dos amigos reputadas por sua calma. O que me impressionava é que se podia sempre interrompê-lo. Isso não o enervava. É Flaubert quem, referindo-se a George Sand, diz que se podia interrompê-la a qualquer momento, já que ela voltava ao trabalho numa continuidade absoluta, como se nunca a tivéssemos distraído. Bem, se ouso essa comparação arrogante, era a mesma coisa com ele. Mas, ao mesmo tempo, continuo convencido de que ele era bastante monoideico: quando perseguia uma ideia, essa o absorvia completamente. Se eu o interrompia, ele parecia disponível para falar de outra coisa. E depois, ao fim de um momento, eu o fazia retornar, de propósito, ao que já sabia ser sua obsessão no momento e ele não percebia que havíamos mudado de tema, ele reengatava! De fato, durante toda a conversa ele continuara trabalhando sua ideia... É por isso que podia parecer tão disponível.

AB: Ele não perdia tempo...

DD: Ele tinha um sentido de tempo com uma precisão de segundos. Eu mesmo sempre fui um pouco "desorientado" e me divertia de tal maneira com esse seu sentido de tempo que lhe dei de presente um relógio só com ponteiros, sem números e sem gradação! Eu lhe perguntava a hora e ele me respondia: 13:14 ou então 13:16: nunca dizia "São mais ou menos...". Quando descia do avião, de volta do Brasil ou do Japão, a primeira coisa que eu lhe perguntava era: "que horas são?". Ele não se enganava em sequer um minuto... Após sua morte, não pude deixar de pensar que ele sempre soube que sua vida seria curta, já que na sua existência cotidiana jamais perdia um minuto. Nunca conheci alguém que tivesse um sentido de tempo com tal exatidão. E, no entanto, era alguém extremamente fácil de conviver...

AB: Porque ele estava na sua obra...

DD: Porque ele estava na sua obra e eu não o perturbava na sua obra! Sim, sem dúvida... Penso que ele tinha necessidade de uma certa estabilidade afetiva, exterior. Mas a partir do momento em que ele alcançava um quadro seguro, sim, ele estava na sua obra...

AB: ...sem, entretanto, se isolar.
DD: Não.

AB: Ele não tinha necessidade da solidão...
DD: Não, ele era muito sociável, mas com os mesmos amigos. Ele tinha alguns amigos íntimos como Hervé Guibert ou Mathieu Lindon, que não o interrogavam sobre sua obra e era disso que ele gostava... Era antes o inverso, ele que os interrogava sobre suas obras. Ele os ajudava a refletir sobre os seus próprios trabalhos.

AB: Como ele se encontrava entre seus papéis? Era alguém organizado ou desorganizado?
DD: Com certeza era organizado. Depois ele desorganizava: para cada livro, um número considerável de fontes é atestado por suas notas. Mas, uma vez que ele havia acumulado uma documentação sobre um assunto, essa documentação poderia apoiar um outro aspecto de suas pesquisas. Uma série de arquivos podia sair de uma pilha e ser colocada em outra pilha... Isso vale para os cursos: ele não podia trabalhar tanto seus cursos do Collège de France e depois fazer outros nos Estados Unidos. Assim, temos menos a reutilização dos mesmos documentos que novas perspectivas sobre o mesmo problema. Donde a dificuldade que se encontra hoje com certas caixas de arquivos depositadas na BnF [Biblioteca Nacional da França], onde as pastas não são totalmente cronológicas, onde a mesma coisa reaparece, surge aqui ou ali e não se sabe muito bem se é necessário reconstituir uma ordem inicial ou se é preciso conservar o traço desses reempregos criadores.

AB: Foucault atendia o telefone quando trabalhava em casa?
DD: Sim, mas poucas pessoas tinham seu verdadeiro número de telefone. De fato, ele tinha vários, mas atendia sempre só um. Certamente, os números precisavam constar na lista telefônica, para evitar que as pessoas fizessem buscas... Deleuze tinha colocado seu número no nome de Fanny, sua esposa, o que o protegia um pouco... O número que Foucault atendia não aparecia na lista telefônica, e quando as pessoas me diziam que tinham seu número de telefone, eu lhes perguntava qual, o que me permitia saber a qual "círculo" elas pertenciam. Essas precauções eram necessárias para que ele pudesse trabalhar com serenidade.

AB: Entretanto, se alguns membros do "primeiro círculo" tinham o número que ele atendia, era possível que ele considerasse como normal que o perturbassem por uma boa razão ou uma boa causa, militante, por exemplo?
DD: O primeiro círculo respeitava os horários... Mas em sua casa ele era literalmente acossado pelos toques do telefone. É algo que vocês não podem imaginar. De fato, houve uma época em que o telefone tocava a cada dez minutos, seja para uma petição, um pedido de apoio, de prefácio etc. Era verdadeiramente insuportável, a ponto de num dado momento eu responder aos solicitantes com fórmulas do gênero: "Muito bem, senhor, o seu número hoje é o 135 e, quando chegar a sua vez, lhe retornaremos!" Um dia estava em casa um colega que falava holandês, e eis que um holandês liga para solicitar que Foucault orientasse sua tese — ora, Foucault recusava orientar teses... Mas foi logo após o sucesso de *As palavras e as coisas* e a glória nascente de Foucault nutria esse tipo de demanda. Então fiz algumas perguntas ao estudante e, depois, numa brincadeira, lhe disse: "Aqui está o secretário que se ocupa das teses em holandês, vou lhe passar para ele...". Mas o que eu não imaginei é que esse rapaz era estudante na Sorbonne e espalhou a

seguinte história: "Foucault se tornou incrivelmente pretensioso: há secretários em todas as línguas..." Ele contou isso a Maurice de Gandillac e a história correu pela Sorbonne! Quando chegou até Foucault, ele não ficou nada contente com a minha piada...

PC: Entretanto, ele chegou a responder favoravelmente à solicitação de pessoas que ele não conhecia. Penso em Jean Danet, que na época pesquisava direito econômico agrícola, em Nantes. Um dia ele escreveu a Foucault, que lhe respondeu: "Venha me ver!".

DD: Mas Jean Denet era alguém interessante. Lembro sempre da primeira conversa que ouvi entre ele e Foucault, que me chamou atenção. Estava em questão a norma não no sentido ético, mas como, nas nossas sociedades, ela substitui cada vez mais o direito na sua concepção tradicional, quer seja no direito europeu ou no da agricultura... E se, além disso, tratava-se da norma num domínio que Foucault descobriu, isso podia interessá-lo mais ainda. Em compensação, percebe-se imediatamente quando a pessoa é sem interesse; isso se vê no tipo de perguntas que ela faz... Lembro de um jornalista que veio entrevistá-lo e que começou assim: "Senhor Foucault, eu gostaria de saber por que tantos estruturalistas se interessam pela medicina...". Aí Foucault fingiu-se intrigado: "Ah, então há tantos estruturalistas que se ocupam de medicina, eu não sabia... Será que o senhor poderia me citar um?". "Ah... não, é verdade, eu não conheço nenhum". "Nesse caso, senhor, obrigado, a entrevista está terminada". O rapaz devia ter ouvido alguém dizer algo sobre Foucault e a medicina... A estupidez se detecta fácil.

Creio que Foucault tinha uma hipersensibilidade para a qualidade ética, não apenas intelectual, das pessoas, é alguma coisa que sempre me tocou. Ele não frequentava apenas intelectuais. Ele sabia ouvir, no outro, as qualidades humanas, éticas. Havia um nível de sensibilidade que lhe era imediatamente perceptível. Ele sabia diferenciar entre as pessoas que o solicitavam com um objetivo pessoal e aquelas que queriam debater. E penso que Jean Danet ou alguém como o advogado Christian Revon queriam debater. Mas é preciso ver o tom que alguns empregavam: "Foucault, tal editor recusou meu manuscrito, será que você pode fazer alguma coisa...?" — tratando-o imediatamente por você etc.

AB: Um tom da época...

DD: Sim, mas não forçosamente simpático... Aliás, depositei no IMEC — um pouco por maldade — as cartas endereças por franceses e americanos a Foucault. Nessa época, Foucault não respondia mais às cartas, era Françoise-Edmonde Morin que se encarregava disso. As dos franceses eram apenas pedidos de apoio: junto a editores, jornais, professores etc. As dos americanos eram diferentes: eles convidavam Foucault para debates, seminários.

AB: Ao mesmo tempo, quando se está implicado num campo político, não dá para triar facilmente quem apresenta mais ou menos qualidades humanas, e até mesmo nenhuma... Quando se faz política, a gente precisa frequentar pessoas com as quais não se tem química...

DD: Certamente era uma época na qual a maioria das relações eram políticas. Os salões da época eram as ruas e isso não queria dizer que não nos encontrávamos depois, ou então nos encontrávamos para preparar uma outra manifestação... Mas isso não tinha nada a ver com a vida de um partido político. É verdade que havia ali uma sociabilidade que não vejo mais hoje.

AB: Uma sociabilidade política que desapareceu...

DD: Havia amizade e também essa agressividade ligada a uma espécie de fantasma: as pessoas imaginavam que Foucault dispunha de um poder considerável — eu o vi discutindo com pessoas de minha faculdade [Vincennes-Saint Denis] —, de que seria suficiente que ele mostrasse um manuscrito a um editor para que este fosse publicado... Mas Foucault jamais apoiaria um manuscrito que não fosse editável. Ele jamais diria: "Edite isso porque me agrada". Se era medíocre, ele não fazia nada. Era só quando considerava que havia alguma coisa de interessante num manuscrito que ele podia apoiá-lo. Mas as pessoas imaginavam que tudo era da ordem do desejo e do poder. Entretanto, em Vincennes, eles tinham uma concepção de poder pré-foucaultiana!

3. Voluntarismo do pensamento

AB: Gostaria que nos falasse da relação de Foucault com a fadiga. Produzir uma obra como a dele deve ser cansativo, é o mínimo que se pode dizer... Ele era, nesse ponto, voluntarista, ele decidia ignorar a fadiga ou a gerenciava cuidadosamente?
DD: Eu não saberia dizer... Ainda assim, penso que ele era pouco fatigável. Em todo caso, ele o exprimia muito pouco. Quando redigi a cronologia para os *Ditos e escritos*, cheguei a me dizer: "Caramba, na véspera ele estava no Japão e no dia seguinte ou dois dias depois ele faz essa conferência em Paris...". Creio que muito cedo ele adquiriu um grande domínio sobre si mesmo. De fato, quando ficou muito doente, vi aparecer nele traços de caráter que eu não conhecera antes. Ele me fez conhecer os trabalhos de Jackson,[21] o fisiologista, que trata dos reflexos controlados uns

21. John Hughlings Jackson (1835-1911), neurologista britânico.

pelos outros com essa ideia que quando certos reflexos desparecem, outros, mais arcaicos, aparecem. De modo que eu comecei a imaginar que certas coisas surgidas no decorrer de sua doença eram, talvez, elementos arcaicos. E me perguntei se ele não teve de superar todo um conjunto de reações mais espontâneas, que jamais tinham aparecido, mesmo uma espécie de *ego*, do qual jamais vi nenhum traço. Lembro de uma cena, quando trouxe de Berkeley a primeira versão do livro de Dreyfus e Rabinow:[22] nele Dreyfus fazia um comentário muito heideggeriano de *As palavras e as coisas*, e como eles não estavam de acordo entre eles, me haviam dado seu texto para ter a opinião de Foucault, que não gostava muito de ler o que se escrevia sobre ele — em geral, ele não lia. Ele me pediu para lhe contar um pouco o que diziam Dreyfus e Rabinow, e à medida que lhe resumia o livro, ele comentava, por sua vez, "Ah, veja só, Dreyfus disse isso, é interessante essa crítica tirada de Heidegger, etc" — e para Rabinow: "Isso é sem dúvida interessante, uma vez que ele conta meus livros..." Mas devo dizer que tais gracejos eram excepcionais.

AB: Sob efeito da fadiga, havia em Foucault momentos de afrouxamento, de enfraquecimento do pensamento?
DD: Ele era muito voluntarista e também muito educado. Claro, quando as pessoas o irritavam, ele deixava bem claro e não se estendia... De todo modo, não ia além de certos limites — às 22:30 ia embora. Ele deve ter atravessado fases de grande angústia, mas não a expressava. Houve períodos em que eu voltava para casa inquieto, pois não sabia se o encontraria vivo... Mas a maior

22. Hubert L. Dreyfus, Paul Rabinow, *Michel Foucault. Beyond Structuralism and Hermeneutics*. Chicago: University of Chicago Press, 1982. Trad. bras. *Michel Foucault: Além do estruturalismo e da hermenêutica*. Rio de Janeiro: Forense-Universitária, 1987.

parte do tempo não me dava conta desses embates interiores. Só ficava sabendo depois, pelas cartas, onde ele evocava os períodos difíceis que acabava de atravessar.

AB: Quando se trabalha com tal intensidade, é ainda necessário que o corpo acompanhe... Como o corpo o acompanhava?
DD: Antes de tudo, ele era alguém que cuidava de seu corpo. Fazia exercícios. Por exemplo, quando estava na Tunísia, nadava bastante, praticamente todos os dias. Mesmo no último ano, quando já estava muito enfraquecido, ele foi — creio que era fim de abril ou início de maio de 1984 — a Vendeuvre. Seu sobrinho Denis quis ajudá-lo a tirar sua bagagem do carro e ficou surpreso com o peso. Michel lhe disse: "Ah sim, são meus halteres...". O que significa que naquele momento ele ainda fazia halteres todos os dias...

AB: Esse era seu esporte: os halteres...
DD: ...e as flexões, sem dúvida.

AB: ...e as caminhadas?
DD: Sem regularidade. Durante muito tempo ele se deslocava de bicicleta, por exemplo, para ir à Biblioteca Nacional, na rua de Richelieu. Quando estava na Tunísia, caminhava bastante, mas não de maneira sistemática. Digamos que ele cuidava de seu corpo. De resto, não bebia, comia muito pouco. Ele tinha uma alimentação muito sóbria, o que evita as sonolências e as sobrecargas... Além disso, ao meio-dia, creio que ele não almoçava, ou então tomava apenas um café na Biblioteca Nacional.

AB: Tenho dificuldade de compreender esse tipo de clivagem entre o que você descreve como sendo da ordem de uma espécie de energia inesgotável, um sujeito que não se cansa, que não fica doente nunca...

DD: Ele começou a adoecer em 1982.

AB: Mas antes, nunca adoecia... Por um lado, esta energia formidável, que parece ser própria de um sujeito inteiramente voltado para seu trabalho, seu programa, sem estados de alma particulares; e, por outro, o que aliás você diz, "há momentos em que eu voltava para casa inquieto...". Tenho dificuldade de agenciar conjuntamente essas duas partes do quadro... Pois, afinal, Foucault não dá a impressão de ter sido melancólico...

DD: De qualquer modo, sua relação com a morte era imediata, ao mesmo tempo permanente e serena. É difícil evocá-lo, seja por razões de pudor ou de memória. Mas de modo algum era triste, ainda que ele fosse muito sensível à agressividade — que era grande —, ao ciúme, à mesquinharia do meio intelectual, universitário. Ele teve o reconhecimento fulgurante após *As palavras e as coisas*: foi um período de grande felicidade. Lembro igualmente dos anos 1963–1964, quando trabalhamos lado a lado: eu me preparava para o exame da agregação, ele escrevia *As palavras e as coisas*, foi um outro momento de grande felicidade. Depois, veio o sucesso do livro, ele me via feliz com isso... Mas foi igualmente um momento de polêmica terrível. Ele era permanentemente agredido. Não havia uma única revista intelectual que não tivesse abordado o assunto, o que durou até 1968. Ele não aguentava mais e partiu para a Tunísia, para fugir disso. Ele não queria mais ouvir falar disso tudo. Ele poderia ter ficado em Paris e frequentar jantares na cidade, mas ele decidiu partir e se restringir a uma vida difícil na Tunísia. Vivia como um asceta, sobre um tatame e numa casa abobadada branca, próxima ao cemitério de Sidi Bou Saïd —

provavelmente os antigos estábulos do bey.[23] Era uma vida completamente diferente. Intelectualmente, ele conheceu uma certa solidão. É quando ele escreve *A arqueologia do saber*, um livro um pouco chato... que eu adoro, mas que é verdadeiramente pesado, de método, severo, difícil, sem prestígio, onde ele procura, de fato, romper com o sucesso. Quando volta à França, é para a criação da Universidade de Vincennes e, de novo, para viver num meio extremamente polêmico, entre o Partido Comunista e os esquerdistas, com afrontamentos cotidianos, assembleias violentas... Como ele tinha sido do Partido Comunista,[24] conhecia os comunistas e igualmente todos aqueles que estavam no Departamento de Psicologia.[25] Ele os conhecia como psicólogos e como comunistas: duas razões para desconfiar deles! Logo, esse início em Vincennes é um período difícil. É a época em que morávamos na Rue du Docteur Finlay, e é verdade que quando eu voltava para casa, à noite, jamais estava seguro de encontrá-lo vivo. Eu sentia uma angústia... Mas nada nos seus cursos deixa transparecer isso.

AB: No discurso público de Foucault, na sua participação nos debates, não se sente essa fragilidade, não se tem a impressão de tratar-se de alguém vulnerável, de alguém que o conflito pudesse afetar, pelo contrário, tem-se muito mais a impressão de estar na presença de alguém que encontra um certo prazer em estar em conflito, que sabia distribuir os golpes...

23. Palavra turca, que significa "chefe", "governador". Em 1574, a Tunísia foi anexada ao Império Otomano e passa a ser governada por um Bey. De 1881 a 1956, mesmo ainda governada pelo Bey, a Tunísia foi um protetorado francês. [N.T.]
24. Foucault aderiu brevemente ao Partido de 1950 a 1952.
25. Os membros do Departamento tinham sido seus colegas de estudos no Instituto de Psicologia de Paris, onde Foucault obteve seu diploma de psicopatologia em 1952.

DD: Ele sabia distribuir os golpes, mas não gostava disso. Preferia ser amado. Marie-Claude Mauriac,[26] a sobrinha de Proust, mostrou que havia uma grande analogia entre Foucault e Proust, além do meio médico ao qual pertenciam. A cena do beijo à noite,[27] considero-a fundamental também na vida de Foucault. Sua mãe, que certamente o amava muito, era uma mulher muito fria. De qualquer modo, encontrei essa frase extraordinária no seu diário do ano de 1968, onde ele escreve que a fase de depressão que ele atravessava está ligada à morte de seu pai, dez anos antes... Ora, jamais, jamais ele evocou o nome de seu pai, salvo no fim da vida e positivamente. Seu pai era muito violento. As relações entre seus pais provavelmente foram difíceis, de onde vem, creio eu, esse horror aos conflitos. Logo, quando ocorriam, ele os padecia, protegia-se deles muito "violentamente". Mas não porque gostasse da polêmica, era realmente para manter-se distante dela, creio. Seu pai foi marcado pela angústia, como vários cirurgiões que só operam sob um forte estimulante. Parece que é uma profissão tremendamente ansiogênica. Foucault não queria exercê-la, mas fez muitas alusões ao seu pai quando evocou sua relação com a escrita — o bisturi e a caneta etc.[28]

PC: Sua escrita é muito esculpida, trabalhada. Quando comparamos com os primeiros esboços de seus textos, que se encontram nos arquivos, dizemo-nos que ali devia haver um imenso trabalho de escrita e reescrita antes da obra final...

26. Esposa de Claude Mauriac, escritor, jornalista, com quem Foucault compartilhará numerosos combates.
27. Cena famosa, que abre *Em busca do tempo perdido* de Marcel Proust, volume 1, *O caminho de Swann*.
28. "Imagino que há no meu porta-canetas uma herança do bisturi", *Le beau danger. Entretien avec Claude Bonnefoy*, Paris: Éd. EHESS, 2011, p. 35 [Ed. brasileira: *O belo perigo. Conversa com Claude Bonnefoy*. Belo Horizonte: Autêntica, 2016, p. 43].

AB: Voltamos à famosa teoria das três versões de cada obra...[29]

DD: ...que poderiam ser mais, três sendo um mínimo. De fato, há a escrita do livro e a do capítulo. Penso que há nos livros, com efeito, três grandes estratos, mas que cada parte do livro pode ter sido reescrita um número maior de vezes. Primeiramente, ele não gostava de rasuras. Fiquei impressionado ao descobrir no verso dos cursos páginas manuscritas que provinham de outro lugar, que ele havia começado a rasurar, depois foram abandonadas para não trabalhar sobre um texto rasurado. Ele preferia reescrever tudo a ter que trabalhar numa página com rasuras. Seus manuscritos são muito nítidos, muito belos. Mesmo os cursos, tem-se a impressão que foram escritos no correr da pena, mas frequentemente há duas, três versões de certas aulas.

PC: De qualquer modo, isso nos informa acerca de uma certa relação ao pensamento...

DD: É preciso retornar a essa questão do trabalho. No fundo, quando se vê as pessoas trabalhando, não se compreende como elas trabalham. Nós as vemos ler ou escrever, não as vemos pensar. Assim, olhando as notas de leitura que Foucault tomava, quando ele procurava na história o surgimento de um novo conceito (por exemplo, sobre os modos de descrição empírica), eu imaginava que ele traçava uma espécie de curva de Gauss, seguindo a aparição, depois o desaparecimento de um conceito através de inúmeras disciplinas. Eu imaginava que Foucault praticava um modo de leitura muito empírico, uma espécie de avaliação estatística. Mas foi François Ewald quem me convenceu de que não era assim que as coisas se passavam, que a elaboração do conceito precedia

29. D. Defert, "Je crois au temps...", propos recueillis par Guillaume Bellon, *Recto/Verso*, nº1, Juin 2007, disponível em <http://revuerectoverso.com/IMG/pdf/DanielDefert.pdf>.

as leituras, que tudo é construído antes — mesmo que não tenhamos nenhum traço explícito disso. Quando Foucault começa a tomar notas, copia citações, as coisas já estão muito construídas. Não se trata, pois, de um levantamento puramente estatístico: era necessário que ele soubesse o que procurava no corpus que estudava, era necessário que isso já estivesse amplamente dominado... Além disso, me lembro desta frase que ele gostava de pronunciar, quando partia para a Biblioteca Nacional: "Vou verificar se eles realmente disseram o que *deveriam* dizer naquela data!". Logo, há uma dimensão de construção do pensamento, da qual não se tem traço visível. Na realidade, esses fragmentos batizados como "o diário intelectual" de Foucault são inícios de artigos, esboços de planos: o pensamento já está elaborado. Mas como Foucault chegava a esse ponto, não saberia dizê-lo. Posso testemunhar acerca da quantidade de trabalho que ele fornecia, da regularidade de seu trabalho, mas dizer como o trabalho do pensamento se efetuava — disso, nada posso dizer...

AB: No geral ele ficava contente com seus livros, quando os tinha terminado e os enviava ao editor, dizendo-se — "olha só, fiz uma bela descoberta"? Ou era do tipo que dizia — "bom, não era bem isso, mas já é hora de me livrar dessa coisa"?

DD: De todo modo, no outro dia ele já começava o livro seguinte, que era a crítica do anterior...

Entrevista realizada por Alain Brossat e Phillipé Chevalier na residência de Daniel Defert, no dia 28 de novembro de 2015.

Dados Internacionais de Catalogação na Publicação (CIP) de acordo com ISBD

D313v Defert, Daniel

Uma vida política: entrevistas com Philippe Artières e Eric Favereau com a colaboração de Josephine Gross / Daniel Defert ; traduzido por Ernani Chaves. - São Paulo, SP : N-1 edições, 2021.
176 p. ; 13,5cm x 21cm.

Inclui índice e apêndice.
ISBN: 978-65-86941-27-2

1. Política. 2. Foucault. 3. AIDS. 4. Prisões. 5. Direitos humanos.
I. Kabañas, Kaira M. II. Chaves, Ernani. III. Título.

2021-107 CDD 320
CDU 32

Elaborado por Vagner Rodolfo da Silva - CRB-8/9410

Índice para catálogo sistemático:

1. Política 320
2. Política 32

n-1

O livro como imagem do mundo é de toda maneira uma ideia insípida. Na verdade não basta dizer Viva o múltiplo, grito de resto difícil de emitir. Nenhuma habilidade tipográfica, lexical ou mesmo sintática será suficiente para fazê-lo ouvir. É preciso fazer o múltiplo, não acrescentando sempre uma dimensão superior, mas, ao contrário, da maneira mais simples, com força de sobriedade, no nível das dimensões de que se dispõe, sempre n-1 (é somente assim que o uno faz parte do múltiplo, estando sempre subtraído dele). Subtrair o único da multiplicidade a ser constituída; escrever a n-1.

Gilles Deleuze e Félix Guattari

n-1edicoes.org